大连市社科院项目，项目编号为2024dlsky178

基于空间的时间表达认知模式研究

空間語彙付けの時間表現の認知モデルに関する研究

郑新爽◎著

吉林大学出版社

·长春·

图书在版编目（CIP）数据

基于空间的时间表达认知模式研究 / 郑新爽著 .
长春：吉林大学出版社，2024.10. -- ISBN 978 - 7
- 5768 - 3881 - 7

Ⅰ. H1

中国国家版本馆 CIP 数据核字第 2024KS7906 号

书　　名	基于空间的时间表达认知模式研究
	JIYU KONGJIAN DE SHIJIAN BIAODA RENZHI MOSHI YANJIU
作　　者	郑新爽
策划编辑	李潇潇
责任编辑	李潇潇
责任校对	王亭懿
装帧设计	中联华文
出版发行	吉林大学出版社
社　　址	长春市人民大街 4059 号
邮政编码	130021
发行电话	0431-89580036/58
网　　址	http：//www.jlup.com.cn
电子邮箱	jldxcbs@sina.com
印　　刷	三河市华东印刷有限公司
开　　本	787mm×1092mm　1/16
印　　张	15
字　　数	191 千字
版　　次	2025 年 1 月第 1 版
印　　次	2025 年 1 月第 1 次
书　　号	ISBN 978-7-5768-3881-7
定　　价	78.00 元

版权所有　翻印必究

目次
CONTENTS

序　章 ……………………………………………………………… 1

第一章　研究対象と目的 ………………………………………… 5

第二章　理論的枠組み …………………………………………… 13
 2.1　「時間」に関する諸分野での扱い ……………………… 13
 2.2　認知言語学の言語観 ……………………………………… 18
 2.3　人間はどのように時間を認知するのか ………………… 20
 2.4　空間と時間の参照枠 ……………………………………… 27
 2.5　概念メタファー理論（CMT 理論）の概要 …………… 31
 2.6　Lakoff and Johnson 及び Moore の時間メタファー理論 ……… 36
 2.7　まとめ ……………………………………………………… 43

第三章　前後軸の時間表現に見られる時間認識の仕方 ……… 45
 3　はじめに …………………………………………………… 45
  3.1　問題提起 ……………………………………………… 46

3.2　前後軸を用いた中日両言語の時間表現に関する先行研究 … **48**
　3.3　本章の理論的枠組み…………………………………………… **96**
　3.4　中日両言語の時間表現の背後にある認知プロセス ……… **102**
　3.5　まとめ ………………………………………………………… **125**

第四章　左右軸の時間表現に見られる時間認識の仕方………… **127**
　4　　はじめに ……………………………………………………… **127**
　4.1　問題提起 ……………………………………………………… **128**
　4.2　「左右」に関する様々な先行研究…………………………… **132**
　4.3　時間に関する左右の認識 …………………………………… **138**
　4.4　中日両言語の「左右」……………………………………… **144**
　4.5　まとめ ………………………………………………………… **152**

第五章　上下軸の時間表現に見られる時間認識の仕方………… **154**
　5　　はじめに ……………………………………………………… **154**
　5.1　問題提起 ……………………………………………………… **155**
　5.2　川の時間メタファー ………………………………………… **157**
　5.3　中国語の上下の時間表現 …………………………………… **167**
　5.4　まとめ ………………………………………………………… **208**

第六章　結　論……………………………………………………… **210**

参考文献……………………………………………………………… **216**

前　言

　　拙著采用当前全球关注的认知语言学（cognitive linguistics）的理论框架，通过与日语的比较来揭示空间的三个维度（前后、左右、上下）的汉语时间表达背后存在的认知过程。对在这个过程中时间是如何被认知的这一根本问题提出几个重要观点。

　　在传统的认知语言学研究中，通常采取的是只关注于概念隐喻的研究态度，而拙著则认为人类对时间的认知并不如此简单，其涉及如情境理解（事态把握方式）、主体化和客体化等的各种认知机制，并通过实例等进行了论证。这也被公认为具有独创性且值得高度评价的内容。特别是，完善了许多研究者支持的与河流隐喻相关的图示化问题，首次指出汉语中存在却被忽视的使用左右维度进行时间表达这一事实，以及提出使用上下维度的汉语时间表达其背后存在的认知模式实际上是随着顺序认知而发生的等观点。这些观点在今后的时间认知研究中开拓了新的方向性，因此在日本认知语言学界得到了极高评价。构成本书的部分研究成果「中国語の時間表現に見られる順序認識—"上下"の時間を中心に—」已经刊登在经过严格审查的学术期刊『認知言語学研究』（2019年）中，该期刊是日本认知语言学会每年发行的权威期刊。成功发表的论文须接受合格率仅为30%以下的严格审查。另有部分研究成

果在其他著名期刊上发表，如「中国語話者の時間認識に見られるメタファーについて」发表于日本认知语言学会大会论文集『日本認知言語学会論文集』（2017年），这里不再一一赘述。部分观点得到了成蹊大学现任校长森雄一教授的高度评价，并被收入到由高桥英光教授、野村益宽教授和森雄一教授编写的『認知言語学とは何か？』（くろしお出版社）等认知语言学的前沿研究教材中。这些事实表明，本书所提及的汉语母语者的时间认知模式研究，其研究水平在海外得到了高度评价。

拙著是在本人博士论文的基础上修订而成。在此，我向所有给予我帮助和支持的学者和朋友们表达我深深的敬意和感激之情。

首先，我要向尊敬的导师町田章先生致以诚挚的感谢。导师严谨的学术态度和对学术探索的不懈追求，对我产生了深远的影响，让我受益匪浅。

我还要感谢那些对我的研究提出宝贵意见的先生们——坂田省吾先生、吉田光演先生、小川泰成先生、卢涛先生、大嶋广美先生，是他们的疑问和建议让我的理论更加完善。同时，我也要向那位将我的研究成果引用到认知语言学前沿研究书籍中，并积极推广相关理论的知名隐喻研究学者森雄一先生表示衷心的感谢。

在日本广岛大学留学期间，教研室的朋友们给予了我巨大的支持和帮助，对此我表示深深的感激。特别要感谢我所在的大连大学外国语学院对拙著出版给予的支持、帮助和资助。

此外，我还要感谢在我攻读博士学位和硕士学位期间，为我提供资金支持的国家留学基金委和日本民间藤井国际奖学财团，这些资助让我得以顺利地完成学业。

最后，我要感谢我的父母和姐姐，感谢他们在我多年的留学生活中

给予的支持和理解。

衷心期望拙著能够为致力于认知语言学研究的师友们提供一些有价值的参考。

郑新爽

2024 年 5 月 11 日

序　章

　時間とは何か，または，人間は時間という概念をどのように認識しているのかという問いに関する研究は，これまで物理学や心理学など様々な領域において盛んに行われてきた(McTaggart 1908, 1993；ウィットロウ 1993；Casasanto 2008, 2010, 2016など)。その中でも，認知言語学と呼ばれる言語学の一分野では，時間に関する言語表現を手がかりに人間の時間認識のあり方を探究している(Evans 2007, 2013；Lakoff and Johnson 1980, 1999；Moore 2004, 2006, 2014など)。本書では，このような認知言語学の枠組みを用いて，その背後にある人間の時間認識のあり方，つまり，人間はどのように時間を認識しているのかという問題に関して考察する。

　それでは，ウィットロウ(1993)の時間に関する引用から議論を始めることにする。

　　私が赤児で，泣いたり，眠ったりしていたころは時間はよちよち歩きをしていた。少年になって，笑い，語り合った時には時間は歩いていた。成人した時には，時間は走り出した。だが晩年になると，時間は流れ去ってしまった。(ウィットロウ1993：60(柳瀬睦男(他訳)))

「時間」は，本来，抽象的であるため，上述のように，具象的な物体の移動であるかのように表現されることがある。そして，認知言語学では，このような表現が存在すること自体が，人間が時間をどのように認識しているかを明らかにする手掛かりとなると考える。なぜ時間はこのように表現できるのか。このような表現の背後にどのような人間の認知のあり方が存在するのか。本書では，具体的な言語表現を通してこれらの問いに向き合うことで人間の時間認識の在り方について検討する。そこで，本論に入る前に，ここで興味深い例を一つだけ紹介しておきたい。次の日本語の例を見てほしい①。

（1）a. 先のことなど誰にもわからない。(渡辺 1995：20)
　　　b. 先の世界大戦。(渡辺 1995：23)
（2）a. 前途多難
　　　b. 前日

　通常，（1）と（2）のような空間的時間表現②（または，空間語彙付けの時間表現）には，空間概念を通して時間概念を理解するというメタファー写像が潜んでいるという考え方が広く受け入れられている（瀬戸 1995，2017；篠原 2006，2007，2008；岩崎 2010；Yu 1998，2012；小野寺 2018 など）。そして，これらが興味深いのは，（1）と（2）では，同じ表現が正反対の概念である過去と未来のことを表していることである。実際，（1a）の「先」は未来のことを指すのに対

---

① 以下，すべての用例に関して出典が示されていないものは，複数の母語話者によってチェックを受けた筆者の作例である。
② 一般に，時間表現は「空間的時間表現」（「前日」「先週」「上旬」など）と「今日」「明日」などの「非空間的時間表現」に分けられる。本書では前者のみを考察対象とすることにする。

し，(1b) の「先」は過去のことを表している。同様に，(2a) の「前」は未来のことを指すのに対し，(2b) の「前」は過去のことを表している。こうした1つの語彙で過去と未来という相反する概念を表していることは非常に興味深い。なぜ「先」や「前」という空間概念が時間領域にメタファー写像されると過去と未来という正反対の時間概念を表せるようになるのであろうか。本書では，(1) や (2) に代表されるような空間的時間表現を数多く取り上げ，その背後に潜む人間の時間認識のあり方に関して認知言語学の立場から考察する。

　これまで，認知言語学の流れをくむ研究においては，人間はどのように時間を認識しているのかという問いに対する答えとして，メタファー理論を用いた研究が主流であった（Moore 2000, 2001, 2004, 2006；篠原 2007, 2008；岩崎 2010；籾山 2010など）。しかしながら，本書で行うように個別の言語データを詳細に検討していくと，必ずしも，メタファー理論のみで説明できるものばかりではないことがわかる。本書では，特に，中国語の空間詞（前後・左右・上下）を用いた時間表現を取り上げ，その背後にどのような認知プロセスが見られるかを考察するが，その過程において，時間認識においては，メタファーのみではなく，話し手がどのように事態を捉えているかという事態把握の様式や中国語の書字体系などのメタファー以外の認知的な要因が深くかかわっていることが明らかとなる。つまり，空間的時間表現を詳細に検討すると，すべての言語，すべての表現に関して一様にメタファーがかかわっているというわけではなく，中にはメタファー以外の認知手段を用いて時間認識を行っていることを示す例もあるのである。結果として，これまで空間領域から写像されたメタファー表現とされている時間表現の中にも，実はメタファーが関わらないものがあるという事実も明らかとなる。これは，メタファーに過度に傾倒して

いる現在の認知言語学的研究に対して重要な示唆を与えることになるはずである。

　本書の構成は以下の通りである。まず，第1章では，本書の研究の対象と目的を紹介する。続く第2章では，時間とは何かという問いに対しこれまでどのような考察が行われてきたのかを概観し，その後，認知言語学の理論的枠組みや用語などについて紹介する。それを受けて，第3章では，日本語と中国語にみられる前後軸を用いた時間表現の「先」を例にとり，両言語の背後に見られる事態把握の様式の観点から考察を行う。続く第4章では，左右軸に見られる対称性に関する制約がどのように解消されて時間を表せるようになるのかを考察する。その際，それが言語表現として定着していく程度に関する差異が日本語と中国語の表現の違いに現れていることも併せて示す。第5章では，上下軸を用いた日本語の時間表現と対照しながら，中国語の上下に関する時間表現の背後に見られる認知プロセスを明らかにする。そして，中国語の場合，一部の時間表現は時間メタファーを用いた時間認識ではなく，書字体系による順序認識から来ると主張する。最後に，第6章では，本書のまとめ及び今後の課題について述べる。

第一章

研究対象と目的

　序論で紹介したような時間認識の問題に関して，空間領域から時間領域へのメタファー写像によって説明する考え方を時間メタファー論（説）と呼ぶことにすると，このような時間メタファー論は，認知言語学研究の中ではすでに自明であると考えられるほどに広まっている[1]。それは，この時間メタファー論の本質が，人間が具体的に経験でき，かつ，よく理解できる空間の概念を通して，非常に抽象的で経験しにくい時間の概念を理解するところにあるとする考え方が多くの研究者に支持されているからである（Radden 1997; Sweetser 1990; Núñez and Sweetser 2006; Moore 2000, 2001, 2004, 2006; 篠原 2007, 2008; 岩崎 2010; 籾山 2010, 2014など）[2]。特に，時間認識における

---

[1] 時間を空間として捉えるメタファーを空間メタファーと呼び，TIME PASSING IS MOTIONのような空間における移動として時間を扱ったものを時間メタファーと呼び分ける場合がある。そのような考え方の下でこの二つのメタファーの総称する場合は，「時空間メタファー」（本多 2011）と呼ばれている。これに対し，本研究では，篠原（2006）などに従い，この二つのメタファーの総称として時間メタファーという呼び方と用いることにする。理由は，移動は空間を前提としているため，時間メタファーには必然的に，時間は空間であるという空間メタファーが含意されているからである。
[2] 概念メタファーによる時間認識の研究が盛んにおこなわれるようになったのは，Lakoff and Johnson（1980）からである。

TIME PASSING IS MOTION(「時間の経過は移動である」)という概念メタファーの存在は多くの言語表現で確認されており，人間は時間の経過を空間的な移動として捉えていることが多くの研究で示されている[1]。

　本書では，普遍的であると考えられているこのような時間メタファー説について，日本語と中国語の空間の三軸(前後軸・左右軸・上下軸)を用いた空間的時間表現に焦点を当てて検証することにする。そして，その結果，時間メタファー説は一部の言語表現においては該当しないことが提案されることになる。例えば，空間の前後軸を用いた（3）を見ていただきたい。(3b, c)は「先」という表現の時間用法であるが，これらはみな（3a）のような空間用法から導出されると考えられている。興味深いのは，(3b) の「先」は未来を表しており，(3c) の「先」は過去を指しているため，一つの表現「先」が未来と過去という相矛盾する時間帯を表していることである。この正反対の用法に関しては，のちに（3d）のような順序を表す用法(順序用法)にみられる移動性と直示性に基づいて説明することになるが，これまでの時間メタファー論に基づいた分析およびそのような分析の問題点については第3章以降で詳細に検討することにする。

　　（3）a. この先行き止まり。(国広 1997：250)
　　　　b. 結婚はまだ先の話だ。(cf.（1a）)
　　　　c. 先ほど，言った通りにやってください。(cf.（1b）)
　　　　d. 彼女より先に帰る。

---

[1] 概念メタファーに関しては2.5節で詳しく紹介するため，ここでは深入りせずに，言語表現の背後にある概念的なメタファーという説明に留めておくことにする。

この他にも，明らかに，時間メタファー論の枠組みだけでは説明できない言語現象が存在する。例えば，中国語では，周辺の空間領域を表す場合には，前後・左右・上下の三軸を用いることができる。つまり，中国語の"α前后"，"α左右"，"α上下"という表現は，「αぐらい」という意味を表し，値となるαの周辺を表す。(4)の各表現は，αの空間的な位置を表しており，図1.1はこれを分かりやすく三次元空間の座標上の値として図示したものである。

　(4) a. Z軸上的数字4前后。(Z軸上の4前後)
　　　b. X軸上的数字4左右。(X軸上の4左右)
　　　c. Y軸上的数字4上下。(Y軸上の4上下)

図1.1において，X軸は左右，Y軸は上下，Z軸は前後をそれぞれ表している。そして，日本語では，「4あたり」または「4くらい」と表現するところを，中国語では，"4前后"，"4左右"，"4上下"と区別して表現することができるのである[①]。

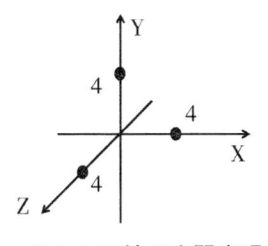

図1.1　三軸の空間表現

---

① 　もちろん，日本語の空間表現でも「4前後」「4上下」のように表現することは可能であるが，「4あたり」や「4ぐらい」と表現する方が一般的である。また，「*4左右」は日本語では容認されない。

以上のように，中国語では，周辺の空間領域を表す場合には，前後軸・左右軸・上下軸の三軸を用いることができる。ところが，(5) に示すように，この (4) の空間用法をそのまますべて時間用法に適用することはできない。例えば，(5a) と (5b) に示すように，中国語では，"～点前后" と "～点左右" は「～時頃」を表すが，(5c) の "～点上下" は容認されない。つまり，"前后" と "左右" という表現は空間領域，時間領域ともに用いられ「～ぐらい」「およそ」の意味を表すが，"上下" は空間領域のみで時間領域には用いられないのである。言い換えると，空間から時間へのメタファー写像に関して，上下軸だけに何らかの特別な制約がかかるということである。

　(5) a. 4 点前后 (4 時前後＝4 時頃)
　　　b. 4 点左右 (4 時頃)
　　　c. *4 点上下

さらに興味深いのは，中国語の前後軸を用いた時間表現は他の多くの言語にも見られるメタファーであり (Radden 2011；Yu 2012など)，(6) に示すように，「～時前後」(6a) も「前+時間単位」「後+時間単位」(6b) も可能であるが，左右軸に関しては (7a) の「～時左右」は容認されるが，(7b) の「左+時間単位」「右+時間単位」は容認されない[①]。一方，これとは逆に，上下軸の場合は，(8b) の「上+時間単位」「下+時間単位」は存在しているが，(8a) の "*～点上下" は容認されない。

[①] 「左+時間単位」「右+時間単位」という構造を持った時間表現は中国語にはないが，「左右」には，"～时左右" の以外の表現も存在する。これに関しては，第 4 章で詳細に分析する。

（6）a. 5点前后(5時頃)

　　　b. 前天・后天(一昨日・明後日)

（7）a. 5点左右①(5時頃)

　　　b. *左天・右天

（8）a. *5点上下

　　　b. 上周・下周(先週・来週)

　このように，空間表現がそのまま時間領域に写像できる場合とできない場合がある以上，仮に時間メタファー説の立場をとったとしても，なぜ，そのような差異が生じるのかという疑問には答えなければならない。しかも，(7)と(8)の事例が示しているように，空間から時間への写像が可能かどうかには一貫性がない。この事例が示していることは，空間領域にはなかった上下軸と左右軸に関する何らかの制約が時間領域には存在するということである。つまり，時間領域における左右軸と上下軸には，前後軸には見られない認知的な要因が働いており，それらが言語表現の容認性の差異として表れているのである。

　以上の観察をまとめると表1のようになる。空間領域における前後軸に関しては，一定の方向性(＝一方向性)を持っているにもかかわらず，時間領域においては過去と未来の両方を指示できるという問題がある。それに対して，左右軸の場合は，空間的には左右は対称性を持っており，どちらかからどちらかへという一貫した方向性を持ってい

---

① Radden（2011：8）は左右軸を使った時間表現は通言語的に存在しないとしたうえで，例外として，中国語にはTraugott（1975：219）が指摘している"～点左右"(～時頃）という表現があると述べている。なお，鄭（2017）では，中国語には他にも左右軸を用いた時間表現があることが指摘されている。第4章で詳細に分析する。

るわけではない。これを無方向性と呼ぶとすると，この無方向性は時間領域が本来持っている一方向性と親和性がないはずである。これは，メタファー写像の動機づけとなる類似性の観点からみると不都合なはずであるが，実際には，無方向的に用いられる「左右」のみ時間領域にメタファー写像されるのである。最後に，上下軸の場合であるが，上下軸は前後軸と同様に一定の方向性（非対称性）を持っている。そのため，上下軸は同じく方向性を持っている時間領域にメタファー写像されることを予測する。しかしながら，「前後」とは異なり「上下」は双方向的に用いることはできない。このように，前後軸・左右軸・上下軸は時間領域にメタファー写像される際に，それぞれ異なる制約があることがわかる。

表1　三軸における時間表現の差異

	空間用法	時間用法
前後軸	"前方""~前后"	"前天""~前后"
左右軸	"左側""~左右"	"*左天""~点左右"
上下軸	"上方""~上下"	"上周""*~点上下"

　本書では，一見すると不規則に見える上記の制約について，日本語の時間表現と対照することを通して，中国語の時間表現に関する時間メタファー説の有効性について検討する。結果として，日本語と中国語における前後軸を用いた時間表現の場合は，事態把握の様式などを考慮に入れることによって，時間メタファー説で説明することができるが，それ以外の左右軸・上下軸においては時間メタファー説は有効ではない場合があることを示す。

　左右は，本来の対称性を持っている。そのため，非対称的な時間の領域にメタファー写像しづらいはずである。ところが，左から右へと

<<< 第一章　研究対象と目的

いう中国語の書字体系の習慣を考慮に入れることにより，左右軸に方向性が生まれ非対称性が出現し，時間メタファーが可能になる。もちろん，左右にある種の方向性を感じるかどうかは，言語によって異なる。中国語の場合は，左右に書字体系から与えられた方向性を感じるため時間表現が定着しているが，日本語ではまだそのような認識が定着していないため，日本語の左右軸は時間領域にメタファー写像されないのである[1]。

　このように書字体系に注目すると，なぜ，中国語では，主に前後軸と上下軸を用いた時間表現が用いられているのかがわかる。歴史的に見ると，現在の中国語の左から右へという書字の習慣は定着してからまだ日が浅いが，上から下へという書字の習慣は長い間使われてきた。そのため，もともと時間と同じ非対称性を備えていた前後軸に加え，中国語では，上下軸も用いられるようになったと考えられる。一方，左から右への書字体系は比較的新しいため，定着した語彙レベルでは用いられず（例えば，"*左天"などの語彙は存在しない），まだ定着していない。実際，左右軸を用いた時間表現の使用は限定的であり文レベルのみである。

　このように，中国語の上下の時間表現の中には，書字体系による順序認識に基づいて形成されたものがある。これは，日本語の上下の時間表現が時間を川として喩えた時間メタファーであるのと大きく異なる点である。その上で，本書ではそのような中国語の上下の時間表現は，時間認識ではなく順序認識に動機づけられていると主張したい。そして，この順序認識に課される制約のため，のちに検討するよう

---

[1] もちろん，日本語にも左右の認識が時間的な表現に現れることはある。例えば，「右肩上がり」や「60左右の人」（＝60前後の人）。ただし，この二つの表現は厳密には時間表現とは言えない。これに関しては，第4章で検討する。

11

に，上下軸を用いた時間表現の中には容認されないものもあるのである。

　ただし，注意しておきたいのは，上下の時間表現の一部と左右の時間表現の一部はともに書字体系の影響により産出されたものであるにもかかわらず，それぞれが依拠している書字体系が異なるために結果として用法上の差異が出てくることである。例えば，上下軸の順序認識はランダムではない。書字や読字の際に行われる認知主体のメンタルスキャニング(心的走査)が習慣化された結果，主体化という意味変化のプロセスを経て，「上」は過去のみを表し，「下」は未来のみを表すようになったのである。つまり，上下軸にみられる順序認識は書字経験に主体化が伴われた結果なのである。それに対して，左から右へ書字体系は，対称性を持つ左右軸が非対称性(一方向性)を持つ時間概念を表現できるようにする概念的基盤を提供する。つまり，中国語では左から右への書字・読字の習慣が定着したことに伴い，左から右へというメンタルスキャニングの習慣が形成され，この左右の空間上の非対称性があるからこそ，非対称性を持つ時間概念に写像されることが可能となったのである。

第二章

理論的枠組み

　この章では，認知言語学とは何か，時間とは何かについて概観し，すでに触れた概念メタファー，特に，時間メタファーとは何かという認知言語学の基本的な知見を紹介する。そのうえで，本書で用いるいくつかの認知言語学の用語を説明する。

2.1　「時間」に関する諸分野での扱い

　ここでは，「時間」に関する言語学的な考察をする前に，「時間」とは何なのかという問いに対し，他分野ではどのように答えようとしてきたのかを概観する。

　「時間」の捉え方は，大きく分けて「絶対時間説」と「相対時間説」がある。「絶対時間説」では，「時間」は物理現象・出来事に依存せずに自ら存在するものとされており，ニュートンなど多くの物理学者がかつてこの説を取っていた。寺崎（2016：7）はニュートンの設定した「絶対時間」を「物理現象に則した，ただ一つで，どのようなことがあっても進み方を変えられない時間」と説明している。そして，この「時間」がニュートンのこの時間観に影響を与える以前に

は，イギリスの数学者であったアイザック・バローが説いた時間と運動についての説があった。これについて，ウィットロウ（1993：125）では以下のように述べている。

　　時間は現実の存在を表すものではない。距離を表すのに空間が必要とされるように，存在の持続を表すのに，ある種の能力，可能性を表示する時間と言う概念が必要である。時間の絶対的，固有な性質からすれば，時間は運動を含意しているわけでもないし，同時に静止を含意してもいない。物質の運動，静止に関わらず，また我々の眠りや目覚めによらず，時間は同じようにその道を進んで行く。だが，時間は測り得る物であるため運動を含んでいる。運動なくして我々は時間を知覚することができない。我々は明らかに，時間を一様に流れ去るものと見做さなくてはならない[1]。

上記のアイザック・バローの時間・運動説は，以下に紹介する言語学者のFillmoreの考えと軌を一にする。Fillmore（1997）は，時間の性質に関して，時間は一次元的(one-dimensional)であり，一方向性を持つもの(unidirectional)であるとし，人間は時間を移動(movement)との関連で理解していると述べている。そのうえで，この移動のメタファーがあるために，人間は「世界」("the world")を時間の中を移動している(moving through time)ものと捉えたり，時間が不変の世界を通り過ぎていく("the world" as being constant and time passing by it)も

---

[1] 物理学においては，アインシュタインの相対性理論がニュートンの絶対時間に取り替わって以降，運動から独立的に存在するという時間の概念は認められないようになっている。

のとして捉えたりすることができると述べている(Fillmore 1997: 45)。

このような絶対時間説では,時間は独立に存在するものであるとされるが,哲学者のライプニッツは,時間は実体として捉えるべきものではなく,時間は出来事の起こり方の順序であるという相対時間説を唱えた。つまり,時間は出来事と関係なく永遠に存在する絶対的な現象ではなく,出来事間の相対的な順序であるというのである。彼の論じた時間論をウィットロウ(1993: 130)は以下のように述べている。

　　神は,何故もう1年早く,あらゆるものを創造しなかったのかと問い,このことから,神が,何故他の日ではなしにわざわざその日に事物を創造したかという理由がまったく存在しないのだと推論したがる人がいたとしよう。もし時間が事物に依存することなしに存在するのであれば,この推論が正しい。何故ならば,ある瞬間には事物が存在し得るのに,他の瞬間には存在し得ないという理由はないからである。

ライプニッツは,何も存在しないなら,その瞬間が存在し得るという考え方自体は不合理的だと考えている。つまり,時間は出来事により得られるものであり,時間から出来事を産出することはできないというのである。

さらに,時間は出来事に依存するかどうかという論点以外に,時間は循環的なものか,線的なものかという議論もある。寺崎(2016: 8-10)は,時間は循環的なものか,線的なものかという問題について,古代から近代への時間観の歴史的変遷を考察している。その結果,時間観または時間概念は,時間は循環するという古代の時間観から時間

は線形的なものであるという近代的な時間観へと変わってきたという傾向があると述べている。このような循環的時間観と直線的時間観について，田中（1974）は以下のように述べている。

　　前者に循環的・永遠回帰的時間を意識し，後者に歴史的・直進的時間意識を見ようとする考え方がある。そして前者はすでに見た繰り返し的自然，あるいはそれと一体化した農業的営為が考えられ，後者にはその循環を破って一方向に進む人間世界の歴史性が考えられる。

（田中 1974：79）

　古代のこの循環的時間観では，自然界の万物が「同じ」ものとして繰り返されるという意識が強い。このように時間を循環するものとして捉えるのは，農耕生活を営んでいた初期の人類にとって，最も自然な感覚であったと思われる。
　これに対し，近代において時間を線形的に捉えるようになった要因は機械時計の進歩だと考えられる。寺崎（2016：10）によれば，リュイス・マンフォードが述べる通り，機械時計は「人間の関わりあう出来事から時間を引き離し，独立した科学世界という概念を信じるのに独特な役割を演じ」ることになった。機械時計は正確に連続した数年間の時間を刻むが，時間の「均一性」と「連続性」という特徴が強く意識されるようになってきたのは，この機械時計の発達によるのである。
　ここまで異なる立場からの時間の捉え方に関して概観してきたが，上述の各分野が「時間とは何か」という時間の性質に関わる問題に直接回答しようとするのに対し，言語学の分野では全く異なったアプ

ローチがとられてきた。寺崎 (2016：16) によると，言語学では「時間とは何か」という問題に直接答えるのではなく，テンスやアスペクト，時間の位置や長さの表示などを分析することを通して，間接的にこの問題に答えようしているように見える。日本語を例にとると，言語学では以下のような事例を挙げて時間に関する分析を行っている。

(9) a. 9時に，電話があります。
　　b. 3時間，車を止めていた。
　　c. 結婚するので，あいさつに行った。
　　d. その時，学生たちは，書き終わり始めていたらしい。
　　e. 最初の一ヶ月間，毎朝，10分で，ご飯を作った。（中村 2001：1-3）

(9a) と (9b) では，「9時に」「3時間」という副詞句は，それぞれ，時点(時間の位置) と時間帯(時間の長さ) を表し，文末の「ます」は未来(テンス) を，「ていた」は「ている」と「た」で結果 (アスペクト) と過去(テンス) を表している。また，(9c) では，理由を表す従属節「~ので」によって，「行く」という行為が「結婚する」という行為より前の出来事であることが表されている。これにより，「結婚する」という出来事が時間上のどの位置に発生したのかが表されることになる。(9d) は，文の後半で補助動詞が複雑に重なり合って「書き終わるという出来事が複数出現し始める」という時間情報を示し，(9e) では，文の前半の複数の副詞句で出来事が生じた複雑な時間情報を表している。

このように，言語学以外の分野では，「時間とは何か」「人間は時

間をどのように捉えているのか」という時間概念に関する問題に直接答えようとする試みが多くなされてきたのに対し，従来の一般的な言語学の研究では，「時間」は上記のようなアスペクトやテンスなどの言語表現の意味解釈に関するものが主流であり，時間概念に関して直接答えようとするものは少なかった。

　一方，本書の目的は，時間に関する言語表現の分析を通して人間はどのように時間を捉えているのかという時間概念に関する問題に直接回答を与えようとするものである。その点で本書の目的は言語学の主流的な分析とは異なっている。ただし，このような試みは，Lakoff and Johnson（1980）の時間メタファー研究に始まる時間概念または時間認識に関する一連の認知言語学研究の流れの中に位置づけられる。言語表現を分析することを通してそのような時間表現の背後に見え隠れする人間の時間の認識のあり方を探ろうとするのである。

2.2　認知言語学の言語観

　認知言語学は，1970年代後半ごろからGeorge Lakoff, Charles Fillmore, Ronald Langacker, Gilles Fauconierなどの研究者が個別に行っていた研究が共通の言語観を持った緩やかな連合体として1980年代後半に認識されるようになったものである。辻（2013：272）は，彼らの主張をまとめた上で「認知の営みがいかにして言語を作り上げているのか，あるいは逆にいかに言語が認知のあり方を特徴づけているのか，さらに，いかに人が言語を構築し，豊穣な知情意の世界を表現し作り上げているのか」という研究上の問いを立てて研究を行っている言語学のグループが認知言語学であると特徴づけている。特に，言

語はありのままの世界を表現するわけではなく，言語には認知主体の主観的な捉え方が反映されているという前提をもとに研究を行うのも認知言語学の特徴である。例えば，「瓶の中に水が半分ある」という客観的な事象があったとしても，人間は，観察者の捉え方によって，「瓶の中に水がまだ半分ある」と言ったり，「瓶の中に水が半分しかない」と言ったりすることがある。このように，同一の事象に対して異なった捉え方をすることができることはある種の認知能力であると言えるが，このような異なった言語表現を通して，話し手が世界をどのように捉え，どのように考えているかを推察できる。つまり，認知言語学では，言語表現を通して，背後の人間の認知の営みを考察していることになるのである。

　また，籾山（2014：1）は，言語を「人間が有する一般的な「認知能力」，人間の「認知」の営みを反映したものであり，認知とは，人間が身体を基盤として，頭や心によって行う営み，人間が行う知的・感性的営み」と広く規定し，人間の認知能力を重視した言語研究を行っているのが認知言語学であるとしている。そして，自らの経験が，言語の習得や使用の重要な基盤を成すと考える。例えば，ある現象について人はどのように見る(理解する)かを考えた場合，まず，それまで経験したことを頭の中に想起し，再認知して，最後にそれを口から出して言葉や文章にする。そのため，言葉は人間の認知過程の最後のまとめであるともいえる。このような想定のもとでは，言語表現を観察することは，その背後にある認知を観察することになるのである。認知言語学は，言語を通して認知能力を明らかにし，言語現象をより深いところで理解しようというのである。

　以下の節では，認知言語学で用いられている概念メタファー，主体性(主観性)，参照枠などの基本概念を紹介し，その上で，認知能力

が「時間」という概念の理解にどのように関わっているかを考察する。次節では，これらの概念を紹介する前に，人間は時間をどのように認知しているのかに関する先行研究を概観する。

2.3　人間はどのように時間を認知するのか

　人間はどのように時間を認知するかという問いに関する先行研究の見解は，大きく分けて2つに分類できる。一つは，人間は時計や日光などの他の事物に頼らなくても自ら時間を経験することができるとする説であり，もう一つは，空間などの他の概念要素を利用することによって時間を認知するとする説である。

　前者の立場をとると，時間は直接的に経験され，人間は体内感覚を用いて時間を直接知覚することになる。実際，多くの実験によって，人間には「体内時計」のようなものが備わっており，時間の経過が直接的に経験されることが証明されている。また，Flaherty（1999）は，心理学的な観点から，時間の長さの感覚は作業がどれぐらい充実しているかに依存しているということを実験で確かめている。例えば，退屈な状況や臨死体験などにおいては，時間は通常より遅く進むと感じられるが，その逆に，日常的な作業でもそれが充実している場合には，時間が通常よりも速く進むと感じられている。これ以外にも，Droitvolet and Meck（2007）やNoulhiane et al（2007）は，人間は面白いと思っている作業を気分良く行った場合には，時間は通常よりも速く進むと知覚するなど，気分や感情などの状態が人間の時間の経験や知覚に影響を及ぼすことを実験で確かめている。これらの他にも，生理学的なメカニズムが時間の長さに影響を及ぼす研究などがあり，

第二章　理論的枠組み

被験者が高体温であるか低体温であるかが時間の長さの感覚に影響を与えることが実験で示されている。例えば，Hoagland（1933），Fraisse（1963，1984）によると，身体が高体温になると時間が実際より長く感じられるようになることが明らかにされたが，反対に，Baddeley（1966）は低体温の際は実際より時間が短く感じられることを明らかにしている。他にも，時間が脳の記憶に関する部位と繋がっているという研究もある。イギリスの物理学者・生物学者であるロバート・フックは，人間は脳の記憶に関する部位を損傷すると時間感覚にも大きな影響が出るとしている。以下はウィットロウ（1993）からの引用である。

　　我々が時間を認知するようになるのは，いかなる感覚によるのかを問い質してみる。我々が感覚から得る情報は凡て瞬間的なものであり，その対象から生ずる印象を通じて，持続するに過ぎない。従って，時間を把握するには，それを理解する感覚が一つ欠けていることになる。つまり，我々はそのような概念を所有してはいるが，まだわれわれの諸感覚の一つに数えられておらず同時にそれを我々に与えることはできない。そして我々はまだそれを量的に理解していないのである。このことから時間についての印象を理解するのに，何らかの器官を想像することが必要なことが分かるであろう。そしてこれこそ通常我々が記憶と呼ぶものに外ならないと私は考える。

（ウィットロウ1993：40-41）

ロバート・フックは，人間が時間を理解することと出来事を記憶することとは直接結合されるために，人間が時間を認知する能力と出来

事を認知し記憶することなどは繋がっていると主張している。

　また，時間認識の独立性に関しては，Kemmerer（2005）が興味深い実験を行っている。Kemmerer（2005）によると，前置詞atの意味処理を例として時間的意味と空間的意味の処理は脳神経レベルでは明らかに区別されている。例えば，前置詞atが表す概念には，空間的語彙概念（例えば，at the bus stop）と時間的語彙概念（例えば，at 1：30 pm）があるが，外側溝の領域に障害を受けた4人の脳損傷の患者の検査ではこの2つの概念の処理に差異が現れた。この実験でKemmererが発見したことは，空間的語彙概念は正しく処理することができるにもかかわらず，時間的語彙概念は処理できないという患者が2人いる一方で，時間的語彙概念を正しく処理できるにもかかわらず，空間的語彙概念は処理できないという患者が2人いたということである。これについて，Evans（2013：402-403）は，言語の背後にある時間と空間の表示は，神経レベルでは原則として別のものであるという証拠になると述べている。

　このように，人間が時間を直接的に経験できる部分は確かにある。この事実は否定しうるものではないが，認知言語学および心理学の研究からもたらされたもう一つの事実として，人間は空間概念を通して時間概念を理解するということもおそらく正しいであろう。実際，どの言語を観察しても空間概念を表す表現が時間概念を表すために用いられているが，それは偶然ではない。Lakoff and Johnson（1980）は，時間のように直接知覚するのが困難な概念は，空間などのより知覚しやすいものや概念を通して理解されるとし，これを概念メタファー（conceptual metaphor/metaphorical concept）と名付け，人間に普遍的な認知手段であるとしている。そして，このような，Lakoff and Johnson（1980）に始まる概念メタファーに関する研究は概念メタファー論と

呼ばれる①。概念メタファー論の中でも特に時間に関する議論は盛んであり，Lakoff and Johnson (1999) は，「時間」の理解が純粋に時間的なことはほとんどなく，多くの場合，以下に引用するように，空間移動をメタファー的に解釈することによって成り立つと主張している。

Very little of our understanding of time is purely temporal. Most of our understanding of time is a metaphorical understanding of motion in space.

(Lakoff and Johnson 1999: 139)

それでは，空間移動を介して時間を理解するという従来の主張を具体例を通して検討してみよう。(10) では，時間が空間を移動する物体として概念化されている。つまり，行動を開始する時間や締め切りという時点が空間を移動している物体であるかのように捉えられているのである。開始時間や締め切りが過ぎ去ったり近づいたりできるのはそのためである。

(10) a. The time for action has passed.
b. The deadline is approaching.

一方，(11) は (10) とは少し異なっている。両者は時間を空間の移動として捉えている点は同じであるが，(11) の場合，空間を移動しているのは「時間」ではなく「人間」である。つまり，空間を移動する人間の観測者がある地点に向かって移動するという空間的な認

---

① 概念メタファー論に関しては2.5節で再度取り上げる。

識を用いて時間の理解を行っているのである①。

(11) a. We're approaching the summer sales.
　　　b. We're moving towards decision-time. (Evans 2013: 396)

　(10)と(11)は，何が移動体になるのかという点で異なっているが，空間概念を用いて時間概念を理解しているという点は共通している。このような事例の検討を通して，Lakoff and Johnson は，時間概念は空間概念に基づいて構造が与えられるが，その逆，つまり，空間概念が時間概念によって構造を与えられることはないというメタファー写像の動機づけに関する非対称性(一方向性)を主張している。空間から時間へという方向のみが認知的に動機づけられているというのである。そして，この主張は他の多くの研究者にも支持されている (McGlone and Harding 1998; Gentner et al. 2002など)。例えば，Boroditsky (2000), Boroditsky and Ramscar (2002), Casasanto and Boroditsky (2008)などの研究では，時間に関わる推論に空間認識が用いられていることが示されている。特に，空間が時間が関係する推論に影響を及ぼすのに対して，その逆，つまり，時間に関する情報が空間に関する推論を行う際に影響を及ぼさないことが明らかにされている。そして，このような時間と空間の非対称性は，空間的な移動は必ず時間の経過を伴うため空間の位置変化や距離などは時間の経過からある程度推論可能であるのに対し，時間が経過しても空間的な移動は必ずしも伴われないため時間の経過から空間の変化については推論できないために生じると説明されている。

---

①　移動パターンの分類は後ほど詳細に記述する。

空間認識が時間的な推論に影響を及ぼすという上記の実験結果を受け入れると，空間認識が異なると時間的な推論も異なるはずであるという帰結がもたらされる。実際，「右」や「左」などの相対的な方位を示す語彙を持たない言語，これを絶対参照枠言語というが，このような言語の話者の空間認識のあり方は英語などの相対的な方位を表す語彙を持つ言語（相対参照枠言語）の話者と全く異なっていると言われている[①]。

　そして，もし，上述のことが正しいとするならば，絶対参照枠言語の話者は空間だけでなく時間に関しても相対参照枠言語の話者とは異なる認識を持っているのではないかと予測され，実際に，そのことが実験で確かめられている。例えば，今井（2010）は，「右」や「左」などの相対的な方位を持たない，つまり絶対参照枠を用いるクーク・サーヨール語話者を対象にした時間認識のあり方を調査した研究を紹介している。この実験では，クーク・サーヨール語話者と英語母語話者（アメリカ英語）を対象にして，動物や人の成長過程（誕生時，幼児期，青年期，壮年期，老年期）など明らかに時間の推移の順番が分かる写真を被験者に見せ，それらの写真を時間に沿って並べてもらい，被験者の向きや場所を変えると並べ方に変化が生じるかどうかを調べた。つまり，被験者の向きが変わった時に，一貫して被験者から見た左右を基準に写真を並べるのか，または，被験者から見た左右を無視して，一貫して絶対方位を基準に並べるのかを確かめたのである。ちなみに，クーク・サーヨール語では時間を表すために「東」や「西」のような絶対方位を表す語彙は用いない。そのため，クーク・サーヨール語を調査することで，絶対方位を時間を表すために使わない言語

---

　① 空間参照枠に関しては次節で詳しく紹介する。

の場合でも，時間を空間と同じように絶対参照枠で捉えている可能性を確かめることができる。そして，この相対参照枠言語と絶対参照枠言語の比較実験の結果として，以下のことが分かった。

　相対参照枠言語の英語母語話者はどのような向きになっても，必ず，自分を中心に左から右へ古い順から写真を並べたのに対して，クーク・サーヨール語話者は自分の向きとは関係なく，常に，東から西の方角に向かって古い写真から新しい写真へと並べていった。すなわち，クーク・サーヨール語話者は時間認識の際に絶対的な空間参照枠を使用したのである。このことは，人間は自らの話す言語によって空間関係を捉え，さらに，この空間認識を用いて時間の流れを捉えているということを示している。つまり，相対参照枠で空間を捉える言語話者は，相対参照枠を用いて時間を捉えており，逆に，絶対参照枠で空間を捉える言語話者は，絶対参照枠を用いて時間と捉えているということである。これは，相対参照枠言語と絶対参照枠言語ともに，空間認識が時間認識に影響を及ぼすことを示唆している。

　本節で紹介した研究をまとめると次のようになる。人間は，記憶や経験などの様々な要素を相互に関係づけながら時間を認識する。そのため，時間概念に関しては，単純に一つの観点から理解することはできない。実際，言語表現には，「時間」を直接的に符号化したものが語彙的要素にも文法的要素にも容易に確認できる。例えば，「昨日」や"now""yet"などの語彙(単語)やテンス，アスペクト，ムードなどの文法要素は，空間概念などを介さずに，時間概念そのものを語彙化または文法化している。その一方で，世界の多くの言語において，「先」「前」のような空間概念に基づいて時間概念が語彙化される場合もある。

　以上を踏まえた上で，本書では，空間的な概念を用いて語彙化され

た時間表現に焦点を当て人間の時間認識の一側面を明らかにする。

2.4　空間と時間の参照枠

　時間を空間との関係で考察するという本書の目的を達成するためには，まず最初に，空間認識に関する基本事項を確認しておく必要がある。そのため，本節では，時間認識の理解に必要な空間認識に関わる基本事項である，空間参照枠について紹介する。

　Levinson（2003）や篠原（2006）によると，空間内の位置を説明する場合には，少なくとも3つの要素を考慮に入れなければならない。3つの要素とは，対象物(Figure Object)，参照物(Ground Object)，参照枠(Frame（s）of Reference/ Reference Frame（s）)である[1]。対象物とは，認知主体が認識または説明しようとする対象のことであり，認識のターゲットのことである。参照物は対象物の位置を決める際に基準として参照するものである。参照枠とはこの両者の位置関係を決める際に用いられる認知フレームのことである。Levinson（2003）や篠原（2006）はこの参照枠に3つの種類があると考えており，それぞれを内在的参照枠，相対的参照枠，絶対的参照枠と呼んでいる。

　内在的参照枠とは，参照物そのものに内在的な方向軸が備わっており，この方向軸に従って対象物の位置を認識するという認知フレームのことである。例えば，建物や人間などのようなモノは，内在的に方

---

[1] Frame of Referenceは，指示枠，準拠枠とも訳されることがあるが，ここでは篠原（2006）に従い参照枠と呼ぶことにする。

向軸を持っている。つまり，建物や人間は内在的に「前」や「後ろ」などの「向き」を持っているということである。内在的な方向軸を持たない木や岩などは一義的にどちらの方角が「前」または「後ろ」なのかは決められない。言い換えると，対象物が特徴的な非対称性を持つ場合に，内在的参照枠を用いて空間的位置関係を表すことができるということである。一方，相対的参照枠は内在的参照枠と違い，参照物を利用して対象物を位置づけるために認知主体の視座(vantage point)が利用される場合である。特に参照物に方向軸が内在していない場合などは，「前」または「後ろ」は自律的には決定できず，認知主体の視座と参照物との相対的な位置関係から決められる。例えば，木や岩などは方向軸を内在していないので，「木の左」「木の後ろ」と言った場合には，認知主体と参照物である木との相対的な位置関係によって決定される。最後に，絶対参照枠は，内在的な方向軸に基づく内在的参照枠や認知主体の視座との相対的な位置関係に基づく相対参照枠とは異なり，外部環境が持つ絶対的な方向軸を用いるものである。例えば，「上下」「東西南北」などは，地球という外部環境が持つ絶対的な方向軸であり，例えば，「家の北側」という表現においては，家に内在する方向軸や認知主体と家との相対的な位置関係は関係しない。以上に説明した3つの参照枠について，図2.1を用いて具体的に説明する。

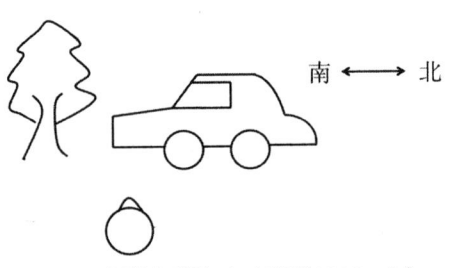

図2.1 空間参照枠（cf.篠原2006：6）

図2.1を用いて，木の位置を説明してみる。この場合，木は対象物で車は参照物である。木と車の位置関係をどのように捉えるかは，どの参照枠を用いるかによって変わってくる。「車の前に木がある」と言った場合は，車のそのもの内在的方向軸を用いているので，内在的参照枠を用いて位置関係を認識していることになる。また，「車の南に木がある」と言った場合は，認知主体の視座や車の向きと関係ない絶対的な方位（cardinal directions）を使った絶対参照枠である。「車の左に木がある」という表現の場合は，認知主体の視座と関係があり，認知主体にとって木は車の左側にあり，認知主体の視座が異なれば，「車の左に木がある」とは言えなくなる。このように視座に依存している場合が相対参照枠である[1]。

ここまで，空間認識における参照枠を見てきたが，この空間参照枠の概念が空間概念を用いて時間概念を理解する際にも重要な役割を果たす。図2.2は認知主体を中心とした場合の3次元空間の把握を3つの軸で表したものであるが，どの空間参照枠を用いるかによって，空間の理解が変わってくる。3つの軸の交差点にいる認知主体が方向を指す場面をイメージしてほしい。

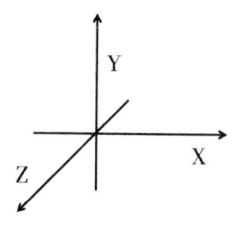

図2.2　空間の三軸

---

[1] 内在的な方向軸を持つ対象物が視座になる場合もある。例えば，図2.1において「車の左側」と言った場合，木のある方向だけでなく車の向きに対して左側，つまり，認知主体の視座側を指すこともできる。

前後軸（Z）に沿って認知主体が方向を指さす場合，通常，内在的参照枠または相対的参照枠を用いることになる①。この場合，参照物は認知主体であり，認知主体には内在的な方向軸があるため，認知主体の正面方向(視線の方向)が「前」であり，背面方向が「後ろ」である。そして，認知主体がどちらに向いているかに応じて「前」と「後ろ」が変わるという意味では相対的でもある。そして，このような空間上の経験が，時間的な位置関係を表す「先」「前」などの表現にも影響を及ぼすことは容易に想像がつく。また，左右軸(X)の場合も同様である。相対的参照枠を用いて「左」「右」を判断するが，それは認知主体が持っている内在的な方向軸ともいえる。ただし，左右は前後のような非対称性は持っていない点には注意が必要である。人間の身体は顔のある面と背中のある面では全く異なった構造を持っているが，人間の身体は基本的に左右で対称性を持っている（もちろん，右利き左利きなどの軽微な点では異なっている）。そして，このような身体的特徴も空間概念が時間概念にメタファー写像される際に重要な点となる。

　上記の2つとは異なり，上下軸（Y）の場合は絶対参照枠を用いて「上」「下」を判断する。一見すると，これも認知主体が内在的に持っている方向軸のような気がするが，例えば，逆立ちしている場合，頭の下のあたりを頭の上と言うことはない。つまり，「上」「下」は地球にいる限り絶対的に決まっていると言える。このように，多くの場合，人間は，3つの軸を用いて空間的位置関係を認識しているが，

---

　① この場合のように参照物がない場合には，内在的参照枠と相対的参照枠の区別はできない。認知主体が内在的に持つ方向性を持っているからである。

それぞれの軸にはそれぞれの特徴がある①。そして，人間は，空間概念を時間概念に転用する際にも，3つの軸（前後軸・左右軸・上下軸）に基づいて転用が起こることが多くの実験で確かめられている（Fuhrman et al. 2011など）。そして，このような空間の三軸を用いた人間の経験は，時間関係を理解する際に利用される。同様に，本節で紹介した空間参照枠に関する認知様式も時間関係を理解する際に利用されるため，時間関係を「前後」「左右」「上下」で理解する際，それぞれ異なった認知プロセスが働くことになる。

2.5 概念メタファー理論（CMT理論）の概要

　2.4節では，空間関係の理解の仕方に関する先行研究を紹介したが，この空間概念を用いて時間概念を理解することを可能にする認知モデルとして，すでに2.3節で少し触れた概念メタファーを紹介する。まずは，認知言語学における概念メタファー論を紹介する前に，伝統的なメタファー論を確認しておきたい。瀬田（2009）や松浦（2017）は伝統的なメタファー論について，以下のように説明している。

　伝統的な観点からのメタファーの基盤に関する主な理論としては，以下のようなものがある。Searle（1979）らを中心とする「比較理論」（comparison theory）では，メタファーとは，2つ以上の事物を比較し，それらの事物の間に類似性を見出すことである。また，Black（1962）

---

① もちろん，クーク・サーヨール語のように相対参照枠を用いない言語の話者は左右軸は用いない。

などに代表される「意味的相互作用理論」(semantic interaction theory)では，喩えるものと喩えられるものが相互作用した結果，メタファー的意味が決められるとしている。これらの他に，メタファーは単なるカテゴリー化に過ぎないと主張するGlucksberg and Keysar (1993) やGlucksberg (2001) の「カテゴリー化包括理論」(category inclusion theory) などがある。これらの伝統的メタファー理論は，多少の程度の差は認められるが，メタファーを言語レベルの問題として捉えている点で共通しており，その意味で，メタファーを修辞技法の一種とみなす伝統的な考え方を踏襲している。

このような伝統的なメタファー論に対し，Lakoff and Johnson (1980) はメタファーを単なる言語上の問題，つまり，修辞技法の一種ではなく，認知や思考に関わる現象であると主張した点で一線を画している。彼らは，メタファーを「異なった概念領域間の構造的な対応関係」として捉えた上で，多くの概念体系はこのメタファーにより成り立っているとし，このように概念体系の中にメタファーが存在しているからこそ，言語表現としてのメタファーが可能であると主張したのである。そのため，Lakoff and Johnson (1980) の枠組みでは，概念上のメタファーと表現上のメタファーを明確に区別して表記する必要があるため，概念の構造的な対応関係(概念メタファー)は"X IS Y"という大文字の形式で示される①。例えば，"TIME IS MONEY"と表記した場合は概念上のメタファーを表し，"Time is money."と表記した場合は，実際に言語に現れた表現上のメタファーということになる。そし

---

① 表現上のメタファーと概念上のメタファーを区別するために，後者を特に概念メタファー(conceptual metaphor/metaphorical concept) と呼ぶことがある。本研究では，誤解をまねく可能性がない限り，「概念メタファー」のことを単に「メタファー」と呼ぶことにする。

て，この場合のXを目標領域(喩えられる概念の領域)，Yを起点領域(喩える概念の領域)と呼び，"X IS Y"は起点領域から目標領域への写像関係(マッピング関係)を表す。Lakoff and Johnson (1980) は，このようなメタファーの本質は，ある事柄を他の事柄を通して理解し，経験することにあると主張している。

上述のような概念上のメタファーを，Lakoff and Johnson (1980) は，さらに「構造のメタファー」，「方向づけのメタファー」，「存在のメタファー」[1] に分類している。(12) を見てほしい。(12a) は "TIME IS MONEY" という「構造のメタファー」を表しており，「お金」に関する経験を通して「時間」を理解する認知プロセスを表している。このメタファーの存在により，両者の経験の構造が一致することになる。

(12) a. TIME IS MONEY.
　　　b. You're wasting my time.(君は僕の時間を浪費している)

(Lakoff and Johnson 1980: 9)

(12a) では，「お金」という起点領域の構造を目標領域の「時間」に写像することにより，時間にはお金と同じ概念構造(例えば，貴重なもの)があると理解されていることが示されている。そして，(12a) のような概念メタファーがあるために，(12b) のような表現上のメタファー表現が可能になるのである。

「方向づけのメタファー」とは，ある概念に空間的な方向性を与えるメタファーのことである。例えば，我々は人間の身体的な経験や

---

[1] 更なる下位分類については，ここで省略する。

文化的な経験に基づいて，(13a)のような，「楽しい」という概念を「上」，「悲しい」という概念を「下」とみなす概念メタファーを持っている。そして，この概念メタファーの存在が（13b）のような具体的なメタファー表現を可能にしている①。

(13) a. HAPPY IS UP; SAD IS DOWN.
　　　b. I'm feeling up today.（今日は上々の気分である）

(Lakoff and Johnson 1980：18)

最後に，「存在のメタファー」である。Lakoff and Johnson (1980) によると，人間は物理的に存在ないものであっても存在物とみなすことができる。例えば，(14a)は「心/精神」という非存在物を「機械」という存在物とみなす概念メタファーであるが，(14b)の*operating*ような表現が可能なのは，「心/精神」を「機械」とみなすような「存在のメタファー」が存在するからである。

(14) a. THE MIND IS A MACHINE.
　　　b. My mind just isn't operating today.（私の頭は今日は全然作動していない）

(Lakoff and Johnson 1980：42)

Lakoff and Johnson (1980：6)は，概念メタファーの本質は，ある事柄を他の事柄を通して理解し経験することであるとしている。この主

---

① 全体の表現のうちのどの部分が議論の対象となっているのかがわかりづらい場合やどの部分に概念メタファーが関わっているのかがわかりづらい場合に適宜下線を引いて示すことにする。

張はLakoff and Johnson（1999）の時間に関する分析にも受け継がれ，人間は異なる概念との関連で時間を理解しており（All of our understandings of time are relative to other concepts such as motion, space, and events.），時間はメタファーやメトニミーによって概念化されると述べている（Time is not conceptualized on its own terms, but rather is conceptualized in significant part metaphorically and metonymically.）（Lakoff and Johnson 1999：137）。そして，このような時間の捉え方は，下記の碓井（2004）の発言に代表されるように，認知言語学において広く受け入れられており，人間は具体的に経験できる空間領域の概念を通して，抽象的な時間領域の概念を理解するというメタファー論に基づいた研究が数多くなされてきた（Fleischman 1982；Radden 1997；Sweetser 1990；Núñez and Sweetser 2006；Moore 2000, 2001, 2004, 2006；Shinohara 1999；篠原 2007, 2008；本田 2011；肖 2012；寺崎 2016など）。

　　私たちは如何にして抽象的な概念である時間を認知し，それらを言語化しているのか。これまで抽象概念である時間は認知が容易な空間をSD（Source Domain）として写像により認知され言語化されると考えられてきた。（碓井 2004：1）

また，空間から時間へという一方向性について瀬戸（2005）は以下のように述べている。

　　一般に，時間にはそれ自身の言葉がない。そこで，言葉を借りる。どこから借りるか。一番普通なのは，空間からの借用である。そもそも，「時間」の「間」は「あいだ」であり，空間の言葉である。「空間」の「間」と共通だが，これは「間」の意味が

「空間」と「時間」のどこか中間にあることを意味しない。あくまで「空間」からの借用である。(瀬戸 2005：200)

もちろん，この一方向性は日本語だけに限ったわけではない。例えば，英語のbefore/after，ラテン語のante(前)，スペイン語のantes(前)，ヘブライ語の"אחרי"(after)/"לפני"(before)など，多くの言語においても時間表現は空間表現からの借用であり，おそらく，その逆は存在しない。

以上示したように，時間に関する言語学の先行研究の中では，メタファー論(空間概念を通して時間概念を理解するという考え方)が最も一般的である①。そして，2.3節で示したように，このような空間と時間の緊密関係について多くの実験で確かめられている。

2.6　Lakoff and Johnson 及びMooreの時間メタファー理論

時間メタファー論の研究を概観するためには，先駆者であるGeorge LakoffとMark Johnsonによる一連の研究とそれを修正したKevin Mooreの一連の研究について言及しておく必要がある。その後の時間メタ

---

①　ここでは取り上げなかったが，時間と空間の関係については，他に，Walsh (2003)が提案したA Theory Of Magnitude 論(ATOM；マグニチュード理論)がある。時間メタファー理論が前提としている空間から時間へという非対称性(一方向性)とは異なり，ATOM 理論では，時間知覚(time)，空間知覚(space)，数字・数量知覚(number)の認知は共通の強度/量(magnitude)が関わっているとしている。この理論は多くの研究者に支持されているが(Xuan et al. 2007；Roitman et al. 2007；Kiesel and Vierck 2009；Matlock et al. 2011；Winter, Marghetis, and Matlock 2015)，本研究で扱っているような言語現象に関する説明を提供しない理論であるため，本研究では取り上げない。

ファーに関する研究はこの2つの系統のどちらかに位置づけられるからである。

　Lakoff and Johnson（1980：66）は，時間概念と空間概念という2つの異なる概念領域の間にみられる構造的な関係，特に，移動体は何であるかに着目し，時間メタファーには少なくとも2つの種類があることを提案している。一つは，静止した時間上を認知主体が移動している場合で，もう一つは，時間それ自体を移動する物体として捉えている場合である。前者は，認知主体が静止している時間の中を移動すると捉えられるため「主体移動型メタファー（ME：Moving Ego Metaphor）」と呼ばれており[1]，後者は，移動する移動体として時間を捉えているため「時間移動型メタファー（MT：Moving Time Metaphor）」と呼ばれている。これを図示したものが図2.3と図2.4である。

図2.3　Moving Ego（ME）
（cf. 篠原 2008:183）

図2.4　Moving Time（MT）
（cf. 篠原 2008:184）

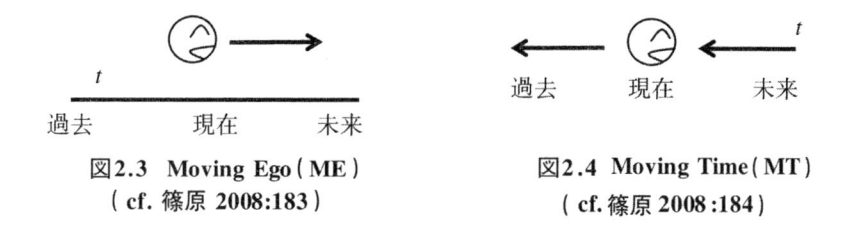

　図2.3は主体移動型メタファー（ME）である。MEでは，認知主体が時間の中を移動していると捉え，認知主体の進行方向，つまり，「前方」に「未来」があり，すでに過ぎ去った「後方」が「過去」と認識される。図2.3では，時間 t は静止しているため矢印では表さない。一方で，認知主体には矢印が付されているが，それは認知主体が「未来」へ向かって動いていくからである。例えば，"We're approaching the

---

[1]　この場合の「主体」は，「観察者（Observer）」，「移動する経験主（Moving Experiencer）」（cf. 本多 2011）などと呼ばれることがある。

end of the year"という表現がこのMEに当たる。

　これに対して，図2.4は認知主体が動かず，時間が動くという時間移動型メタファー(MT)である。この時間認識では，静止している認知主体に向かって「前方」から時間が近づいてくる。その後，時間が認知主体を通り過ぎると，そのまま認知主体の「後方」へと離れていく。このMTの場合も，認知主体の「前方」が「未来」であり，「後方」が「過去」に当たることになるが，MEとは全く異なった認識を行っていることになる。そして，これから「現在」に向かってやってくるのが「未来」であり，認知主体の位置，つまり「現在」に達した後，去っていく領域が「過去」ということになる。図2.4では時間が移動していることを矢印で表している。具体例としては，"Christmas is coming"という表現があげられる。

　以上の説明を整理すると，表2.1のようになる。この表では，空間領域における移動体の「前(front)」「後(back)」が，時間領域の移動体の「早(earlier)」「遅(later)」とどのような対応関係があるのかが示されている。

表2.1　「前後」と「早遅」の対応（cf. 篠原 2008：184）

	空間(起点領域)	時間(対象領域)
ME(主体移動型)	FRONT	LATER(FUTURE)
	BACK	EARLIER(PAST)
MT(時間移動型)	FRONT	EARLIER
	BACK	LATER

　上記の表2.1で示されるように，移動主体の違い（時間が動くのか，認知主体が動くのか）によって，この対応関係が逆になる。例えば，

移動している認知主体にとって前方向(front)は未来(later)であるが、移動している時間にとって前方向(front)は過去(earlier)である。

　このような空間における移動が深く関わっているメタファーには、その前提となるメタファーとしてLakoff and Johnson (1999) がTIME ORIENTATION METAPHORと呼ぶメタファーも存在すると言われている。このメタファー自体は移動を表すことはないが、認知主体の方向性(未来に向かうか過去に向かうか)を示している。これについてLakoff and Johnson (1999：140) はTIME ORIENTATION METAPHORもTIME PASSING IS MOTIONと同様に基本的であるとし、*He has a great future in front of him*という例を挙げて、「現在」にいる認知主体の前方が「未来」であり、「過去」は後方にあるという方向性の認識があると述べている[1]。そして、図2.3と図2.4において認知主体の向いている方向である「前方」が「未来」になっているのは、この方向性のメタファーによるのである。もちろん、時間の移動の方向と認知主体の方向が異なる場合もある。実際、図2.4では、移動主体である時間の「前方」(矢印の向き)と認知主体の「前方」(顔の向き)が異なっている。

　Lakoff and Johnsonの一連の研究が提案しているTIME PASSING IS MOTIONは多くの研究者に受け入れられ、これに従った分析が行われている(瀬戸1995；Shinohara 1997；岩崎2010など)。しかしながら、これらのメタファーでは捉えられない言語表現もある。Lakoff and Johnsonの枠組みでは、どのメタファーを用いるにせよ、いずれも認知

---

[1] 英語と日本語の場合は、認知主体の向いている方向つまり前方は未来であると考えるのが一般的であるが、中国語の場合は、認知主体が未来に向かっているのか、過去に向かっているのかについては意見が分かれている。この議論に関しては、第3章で詳細に検討するが、本研究ではYu (2012) に従い、中国語の場合も同様に認知主体の前方は未来であると考える。

主体の存在する現在を基準として過去や未来を認識するが,「大晦日の後は元日である」のような認知主体の存在する現在時とは関係のない表現は分析できない。このような表現からは,未来に向う認知主体の移動や,未来から過去に向う時間の移動は喚起されないからである。このような問題に対して,Moore（2000,2004）はSEQUENCE IS RELATIVE POSITION ON A PATHというメタファーの存在を新たに提案している[1]。Mooreの理論では,時間移動型メタファーは単一のメタファーではなく,Ego‐centered Moving Time(EMT)とSEQUENCE IS RELATIVE POSITION ON A PATH(SEQUENCEメタファー)に分けられるというのである。

　SEQUENCEメタファーでは,経路上にある出来事または時点の相対的な位置関係によって時間関係が把握される。そして,複数の出来事や時点がその生起や実現という到着点に向かって経路上を移動することになる。そのため,先に到着する出来事が早く出現し,後に到着する出来事が遅く出現することになる。言い換えると,早く出現した出来事は遅く出現した出来事よりも相対的に過去となり,遅く出現した出来事は早く出現した出来事よりも相対的に未来の出来事ということになる。このSEQUENCEメタファーの基盤となる空間領域から時間領域への写像関係は表2.2に示される。

表2.2　SEQUENCEメタファー（Moore 2014：67）

順序付きの移動(起点領域)	順序(対象領域)
（一次元の）経路上の諸地点にある移動体	順序にある時点

---

[1] このメタファーは,初期のMoore（2000）ではFRONT/BACK Moving Timeと呼ばれていたが,Moore（2004）以降ではSEQUENCE IS RELATIVE POSITION ON A PATHと呼び換えている。本研究では後者を用いることにする。

続きの表

順序付きの移動(起点領域)	順序(対象領域)
ある物体がもう1つの物体の前にある	ある時点がもう1つの時点より早い
ある物体がもう1つの物体の後ろにある	ある時点がもう1つの時点より遅い

　このメタファーでは，全ての物体が同じ経路で同じ方向に向かって移動しているので，ある物体の位置づけは他のどんな物体に対しても，その物体に先行しているか後行しているかによって決定されることになる(図2.5)。しかも，この決定はどんな視点から見ても変わらない。つまり，SEQUENCEメタファーでは，認知主体の視点とは無関係に，時間列の中のある2つの出来事や時点の関係を描くことが可能なのである。例えば，「1時は3時の前だ」の場合，1時は3時よりも早く出現するので1時は3時よりも相対的に過去の時点を表すことになる。この早遅の順序関係は認知主体の捉え方や視点の位置には関係がない。(15)を見てほしい。

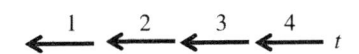

図2.5　SEQUENCE IS RELATIVE POSITION ON A PATH
（cf.Moore 2006:206;篠原2008:186）

（15）The sound of an explosion followed the flash.（Moore 2006：205）

　(15)は2つの出来事の順番が話者(認知主体)の視点と無関係で固定されており，爆音と閃きという2つの出来事の位置関係は客観的に決められる。つまり，Lakoff and Johnsonの提案する主体移動型メタファー(ME)と時間移動型メタファー(MT)が認知主体を中心に捉えた直示表現であるのに対し，(15)のような表現は非直示的なのである。(15)における2つの出来事間の時間関係は，概念化が行われる現在

時とは必然な関係がないのである。

　従来の先行研究ではMEとMTの対比はよく扱われている（Boroditsky 2000；Fillmore 1997；McGlone and Harding 1998；Gentner 2001など）が，それに対して，EMTとSEQUENCEメタファーとの対比に関しては，Moore（2000，2001，2004），Núñez and Sweetser（2006）などの研究で少し触れていることを除いては，あまり扱われない。Mooreの説明では，「時間」が移動しているという点ではEMTとSEQUENCEメタファーは同じグループに分類されるが，直示的か非直示的かという観点からは区別される。具体例として，（16）を見ていただきたい。

（16）a. Summer is coming.
　　　b. Fall follows summer.（Moore 2014：71）

（16a）の*come*と（16b）の*follow*はともに移動を表す動詞であるが，直示性では異なっている。*come*は基本的に認知主体に向かう移動を表すため直示的であるのに対して，*follow*は認知主体の位置とは無関係の移動を表す非直示的な動詞である。そのため，（16a）はEgo-centered Moving Time（EMT）であり，（16b）はSEQUENCEメタファーに分類される。

　ここで，本節で紹介した3つのTIME PASSING IS MOTIONメタファーを（17）の例文を用いて整理しておく。

（17）a. I hope we get a chance to meet in the weeks *ahead*.（ME）
　　　b. I hope we get a chance to meet in the *coming* weeks.（EMT）
　　　c. I hope we get a chance to meet in the *following* weeks.
　　　　（SEQUENCE）

(17) の例文はすべて未来の出来事を表すが，時間認識に用いられている概念メタファーが異なっている。(17a) では認知主体が移動しているのに対し，(17b) と (17c) では移動しているのは時間である。一方，(17a) と (17b) は認知主体の視点が不可欠な存在となっている点で共通するが，(17c) には認知主体の視点は反映されていない。言い換えると，(17a) と (17b) では認知主体と時間との相対的な位置関係で時間を捉えている点で共通しているが，(17c) は認知主体の視点は考慮されておらず，時間軸上の客観的な順序関係だけについて述べられている点で異なるのである。つまり，(17a) (17b) は相対的な時間概念であるが，(17c) の場合のみ，絶対的な時間概念なのである。以上の議論を表2.3にまとめておく。

表 2.3　TIME PASSING IS MOTIONの分類（cf. 小野寺 2018: 21）

例文	移動体	直示性	Moore	Lakoff and Johnson
(17a)	認知主体	直示的	ME(主体移動型)	ME(主体移動型)
(17b)	時間	直示的	EMT(自己中心的時間移動型)	MT(時間移動型)
(17c)	時間	非直示的	SEQUENCE(順序型)	

2.7　まとめ

本章では，本書の研究背景として，「時間」という概念は言語学以外の分野ではこれまでにどのように説明されてきたかについて概観した上で，本書が採用する認知言語学の枠組み，および，認知言語学における時間概念の研究に欠かせない時間メタファー論について紹介した。そして，この時間メタファー論は，時間概念は空間概念を用いて

把握されるという理論であるため，時間概念に関する議論をするためには，まず空間認識のあり方を理解する必要があるという認識のもとに，2.2節では絶対的参照枠，相対的参照枠，内在的参照枠という3つの空間参照枠について紹介したのち，前後，左右，上下という空間三軸についても検討した。その上で，空間概念を用いた時間メタファーについての先行研究を整理した。

　以下の3つの章では，それぞれ，第3章では前後軸，第4章では左右軸，第5章では上下軸が関わっている空間表現がどのように時間表現に写像されるか（写像されないか）を検討する。そして，当該の言語現象を時間メタファー論の立場から分析する先行研究とその問題点を指摘し，各空間軸の特徴を考慮した分析の重要性および時間メタファーではなく書字体系が時間概念に大きく影響を及ぼしている可能性があることを指摘することになる。

第三章

前後軸の時間表現に見られる時間認識の仕方

3　はじめに

　空間概念から時間概念への写像は，空間の三軸(前後・左右・上下)に基づいて行われていることはすでに多くの先行研究で確かめられている(Radden 2011；Fuhrman et al. 2011など)。本書では事態把握の様式やメンタルスキャニングなどの認知言語学の知見を用いて，中国語の空間の三軸(前後・左右・上下)で表されている時間表現を考察し，人はどのように時間を認識しているのかという問題を検討する。

　はじめに本章では，空間の三軸の中でも特に前後軸に焦点を当てて議論を進めることにする。時間表現に用いられる前後軸の最も重要な特徴は，「前」と「後」に非対称性が見られないことである。実は，前後軸と異なり，左右軸と上下軸が時間概念に写像される際には，必ず一定の方向性(非対称性)が見られる。この方向性の向きは言語によって異なるが，どの言語でも必ず時間は一方向に進むことになる。例えば，中国語では，「左」は必ず過去，「右」は必ず未来に写像さ

れるという特徴があり，この逆はなく，同様に，「上」は必ず過去，「下」は必ず未来に写像され，この逆はない。これに対して，前後軸の場合は，同じ「先」という語彙が過去を指したり，未来を指したりすることができるという点でこのような一定の方向性がない。このような前後軸の特徴は，言語がコミュニケーションの手段である点から考えると大変特異な現象である。なぜなら，文脈から切り離された状態でただ単に「先」と言われても，それが過去のことを指すのか未来のことを指すのかがわからないからである。

　本章では，日本語と中国語の事例の検討を通して，このような前後軸を基にした時間表現の特徴はどのような認知プロセスによって生じたのかを考察し，人間の時間認識の背後に潜む普遍性に迫りたい。

3.1　問題提起

　時間関係を表す前後軸には，以下のような興味深い言語表現がある。例えば，日本語の場合は，「先」には次のような時間関係を表す用法がある。(18)は発話時から見て未来を指しているが，(19)は発話時から見て，過去の出来事を指している。留意したいのは，前後軸を用いた時間表現の場合は，このように同じ語彙で未来と過去という反対の時間関係を表すことができるということである。

　　(18) 先のことなど誰にもわからない。(=(1a))
　　(19) 先の世界大戦。(=(1b))

　上記の正反対の時間帯を表すことができる前後軸の時間用法を検討す

る前に，「先」の本来的な用法を見ておきたい。日本語の「先」は，(20)に示すように，物体の先端を指すが，(21)はこれとは異なり空間的位置関係を表している。これらの空間表現では，「先」は発話者または基準となる物から見て前方を意味しており，後方を意味することはない。

(20) 鼻の先を怪我した。
(21) 500メートル先，工事中

興味深いのは，空間用法の「先」は必ず前方(進行方向)を指すにもかかわらず，時間用法の「先」は未来も過去も表すことができるということである。そしてこのことは，時間メタファー論で論じられているように空間領域の概念を時間領域に写像する際に，空間領域にはなかった何らかの認知メカニズムが関与しているということを示している。そして，その認知メカニズムの作用によって，空間用法では一方向しか指せなかった「先」が時間用法では双方向(過去と未来)を指すことができるようになっていると考えるのである。

また，「先」には時間関係を表す順序用法もある。そして，この順序用法の「先」には，(22)に示すようなある種の制約があることが知られている。(22)の「先」は，同じように出来事の順序関係を表しているが，これには一定の制約があり，(22a)のような場合には容認されるが，(22b)のような場合には容認されない。

(22) a. 彼が来るより先に，彼女がやってきた。(伊藤 2008：8)
　　　b. *台風が来るより先に，食料を買いだめしておこう。
　　　　(ibid：8)

以下では，これらの現象の分析を通して，人間はどのように時間を認知するかという問題を考察する。その際，前後軸を用いた時間認識に関しては，時間メタファーだけでなく，認知主体が事態をどのように捉えているかという事態把握の様式が深く関わっていると考える。つまり，「先」「前」「後」などの時間表現はこの2つの認知メカニズムが相互作用した結果生じるものだと考えるのである。

本章の構成は以下の通りである。3.2節では中日両言語の「先」を中心とする時間表現に関する先行研究を概観する。3.3節では理論的枠組み，特に，事態把握の様式を紹介し，ME(Moving Ego)，EMT(Ego-centered Moving Time)，SEQUENCEという3つの概念メタファーが日本語と中国語の具体的な言語表現の中のどの表現に関与しているのかを検討する。その上で，3.4節では事態把握の様式とこの3つのメタファーとの組み合わせを検討することにより，日本語の「先」と中国語の"先"の時間用法の差異について本書の分析を提案する。最後の3.5節はまとめである。

3.2　前後軸を用いた中日両言語の時間表現に関する先行研究

本節では，日本語と中国語の前後軸を用いた時間表現である「先」「前」などに関する先行研究を紹介する。まず，日本語の「先」に関する先行研究(国広1997；碓井2002；篠原2006, 2008；岩崎2010；小野寺2018など)を紹介し，次いで，中国語の先行研究(Alverson 1994；Ahrens and Huang 2002；Yu 1998, 2012；唐2015など)を紹介する。

3.2.1　日本語データに基づく時間表現の考察

　時間表現の「先」が過去も未来も指すことができるのはなぜかという問題に関して現在立てられている仮説は大きく分けて2種類ある。一つは篠原（2008）などに代表される時間メタファー説であり，もう一つは楯和（1997）などに代表される意味拡張説である。前者は，時間概念と空間概念は写像可能であることを前提とした上で，空間から時間へ写像する際に，何らかの変異が生じて時間表現の「先」が「過去」も「未来」も表せるようになったとする説で，後者の意味拡張説は，具体的な「先」の物体用法からスタートして，何らかの認知的な転換（例えばイメージスキーマやその変換など）を経て正反対の時間帯を表す時間用法が生じると提案している仮説である。

　前者の時間メタファー説（篠原2008；岩崎2010；小野寺2018など）は概してTIME PASSING IS MOTION（時間の経過は移動である）という概念メタファーを援用して「先」に関する現象に説明を与えようとするものであり，予め仮定された時間認識に関する汎用性の高い認知モデルであるTIME PASSING IS MOTIONを「先」という言語表現に当てはめることによって，この認知モデルの適切性を検証しようとする試みである。一方，後者の意味拡張説（楯和1997；国広1997；碓井2002；寺崎2010など）は，「先」という表現の意味拡張の側面から，人間が「先」をどのように概念化するかという問いの立て方をする。つまり，「先」という表現のみを対象にして，「先」を用いた様々な表現を成立させている人間の認知のメカニズムを探るのである。

3.2.1.1　意味拡張説

　この意味拡張説の代表的なものには，楯和（1997）のイメージス

キーマ説，国広（1997）の意味拡張のメタファー説，寺崎（2010）の意味構造の再分類説，碓井（2002）の参照点構造説などがある①。

　楢和（1997）は渡辺（1995）の研究を踏まえた上で②，「先」の空間用法と時間用法は共に，もともとの物理的な用法からイメージスキーマによって拡張された結果であると述べている。籾山（2010：77）によると，イメージスキーマとは，人間が身体を通して世界と相互作用をする中で，一般化，抽象した形で抽出することができる（認知）図式のことである。このイメージスキーマを用いて，楢和（1997）は尖った部分を指す物体用法の「先」のイメージスキーマが空間用法及び時間用法に使われるようになったと説明する。楢和（1997：65）によると，モノの「先」は本来「ペンの先」や「棒の先」というように細長いものの先端を意味するが，この「長く細い物のイメージスキーマが長く細い地形のイメージスキーマへと拡張されて，道という空間が理解され」るようになり，「これはさらに軌道のイメージスキーマに変換されて物理的または抽象的移動の軌跡を持つような対象の理解にも関わっていく」。つまり，細長いモノのイメージスキーマから軌道のイメージスキーマへ，更には，メンタルパス（mental path）という抽象的な経路にまで拡張されると考えるのである。

　以上のように，楢和（1997）は，イメージスキーマを通して，「先」

---

① 国広（1997）の「先」に関する研究でも，すでにメタファー的な考え方が述べられているが，PASSING TIME IS MOTION（時間の経過は移動である）という概念メタファーを前提とした時間メタファー論が議論の中心となっているわけではないため，ここではメタファー論の範疇に入れてない。また，続く寺崎（2010），碓井（2002）なども議論の中心が時間メタファー論ではないので，本研究では時間メタファー説とは分けて議論している。

② 渡辺（1995）は「先」「前」などの用例を考察して，話者と時間の流れの関わり方を「わがこと」，「ひとごと」の甲，乙，丙の三種類を提唱している。この分類はMooreの分類と軌を一にすると考えられる。

<<< 第三章　前後軸の時間表現に見られる時間認識の仕方

の物体用法，空間用法，時間用法の各用法間の関連性について考察しているが，この研究だけでは，どのようにイメージスキーマを変換すれば，「先」の時間用法に「過去」を表す用法と「未来」を表す用法が発生するのかについて不明のままである。例えば，「先ほど」という場合の「先」は過去を表すが，どのようにイメージスキーマを変換すれば細長いものの先端という物体用法から過去の時間用法が拡張するのか，逆に「これから先」のような未来の時間用法にはどのような変換によって拡張するのかという拡張の経路については検討されていない。

　一方，国広 (1997) は，楢和 (1997) より一方進んで，認知主体の視点を組み込んだ意味拡張を提案している。国広 (1997) は「先」という語彙の現象素を定義し[1]，これと視点の位置を組み合わせた分析を行っているのである。その上で，この現象素を空間領域から時間領域にメタファー写像することによって様々な「先」の時間用法について説明するのである。図3.1は，国広 (1997) で提案されている「先」の現象素である。

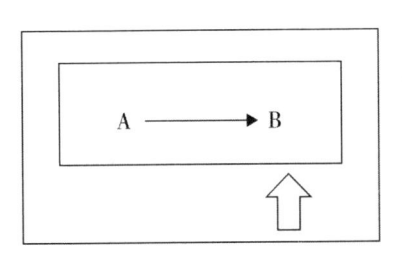

図3.1　「先」の現象素（国広1997:250）

---

[1] 現象素とは，語の用法と結びついた外界の現象・出来事・物・動作など，感覚で捉えることのできるもので，言語外に人間の認知の対象として認められるものである(国広1997：176)。「現象素」のことを旧来の名称である「意義素」と呼ぶこともあるが(cf. 岩崎2010)，ここでは「現象素」で統一することにする。

51

図3.1は,「先」が「方向性を持ったタテ長の物のBの部分」であることを表している。つまり，白抜きの矢印で示した部分が「先」に当たる。そして，AからBへの矢印（→）は事物の「方向性」を示している。この現象素は形態的(物理的)意味，空間的意味，時間的意味などに変換される。また，この現象素には2つの情報が含まれる。一つは，<方向性>を持つ物体の尖った部分が「先」であるということである。これが（23）の「先」の形態用法(物体用法)に概念的基盤を提供することになる。もう一つの情報は，形の上では両端に変わりがなくても，全体が一方向に進んでいる場合である。（24）の場合に対応する。

（23）指の先 （国広1997：249）
（24）先を切って走る。(ibid：249)

また，国広（1997）では，「先」の現象素の派生形として図3.2が提案されている。図3.2のボックスaは移動体を表し，サークルbはaの前方に投射された位置や空間を表している。このbは具象化を受け，人間や物体になることもある。

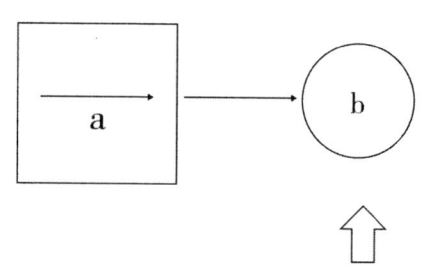

図3.2 「先」の現象素の派生形 (国広1997:251)

この図3.2が（25）に示されるような空間用法に概念化の基盤を提供

<<< 第三章　前後軸の時間表現に見られる時間認識の仕方

する。ただし，(25) の場合は，移動から拡張した視線の延長とも考えられるが，その場合でも，ある種の移動であると考えてよい。

 (25) a. 霧で10メートル先も見えない。(国広 1997：250)
    b. この先行き止まり。(ibid：250)

このように，国広（1997）は，現象素によって空間用法を定義し，この現象素が時空間比喩によって拡張されることによって「時の矢」に喩えられ時間用法が生じると考えている。図3.3は時間用法の現象素である。

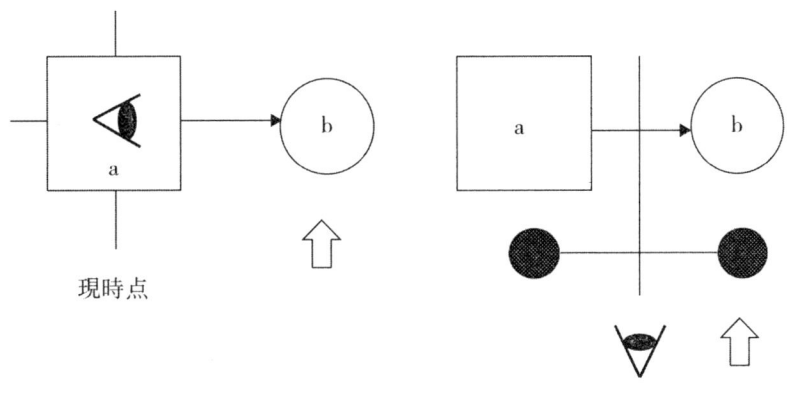

図3.3 (a)時間用法の現象素
（国広1997:252）

図3.3 (b)客観的視点
（国広 1997:252）

図3.3（a）では，移動体に視点があり，移動を表す矢印は「時の流れ」を表している。そして，過去から未来に向かう「時の矢」の末端が「先」に相当する。この図3.3（a）は，(26) に示されるような「先」の時間用法の中でも特に未来用法の概念的基盤を提供することになる。

（26）a. 先が思いやられる。(国広 1997：249)
　　　b. お先真っ暗だ。(ibid：249)

　一方，図3.3（a）ではaの中に位置づけられていた視点が，図3.3（b）ではaとbという2つの出来事の外に位置づけられている。そのため，このような視点は「客観的視点」と名付けられている。この場合，出来事は「b→a」の順序で客観的視点の前を通り過ぎていく。これが，（27）のような順序の用法を生み出すのである。国広（1997：255）は，「先」の過去の用法について「a，bの順序関係は常に一定である。ただしaの出来事を特に視点の時点に結び付けた場合が語彙⑤(=「先に申したとおり」)である」と述べている。

（27）a. 代金を先に払う。(国広 1997：249)
　　　b. 先生より先に帰った。

　このように，国広（1997）では，「先」の時間用法は，まず，現象素を定義し，その現象素をメタファーを用いて変換することによって説明される。つまり，異なった視点を伴った空間用法に基づけば，「過去」と「未来」を表す時間用法が可能になるいう考え方である。
　上記の分析を踏まえて，碓井（2002）は「先」の空間から時間への転移は，イメージスキーマを基にしたメタファーによるものだけではないとし，空間と時間の共起現象に起因する転移もあるとしている。そのため，空間用法と時間用法は明確に分離できず，両者の間には段階性(gradience)が存在すると指摘している。
　これに対して，碓井（2002）は，国広（1997）などが空間と時間を分けて説明する方法に対して，（28）のような空間と時間を分離でき

<<<　第三章　前後軸の時間表現に見られる時間認識の仕方

ない例を挙げて，これらを分離せずに分析する必要があると主張している。(28)は，国広(1997)などでは未来を表す時間用法とされるものであるが，碓井(2002)が行ったアンケート調査によると，50人中26人の被験者がこれを空間用法の「先」であると判断している。このように，被験者の半数以上が一般に時間用法の「先」だとされる事例を空間用法だと判断したことから，碓井(2002)は，このような場合には時間と空間の両者に共起性があり，それが「先」の空間用法から時間用法への拡張の要因となっていると結論づけている。

　(28) ひとつ先の駅で降りるはずだった。(碓井2002：151)

　(28)のような曖昧的な表現が存在することは，両者に共通している点があることを示している。碓井(2002)はこの共通点は参照点構造であるとし，この観点から「先」の時間用法に関して分析を行っている。特に，この参照点の違いによって，過去を表す順序用法と未来を表す時間用法が生じるとしている。
　Langacker(1993：6)の図式に従うと，参照点構造は図3.4のように表される。図3.4において，Rは参照点(reference point)であり，Tは参照点を経由して到達する対象であるターゲット(target)を表している。また，Cは認知主体で，点線矢印は認知主体が参照点を経由してターゲットに到達するメンタルパスを表している。Dは参照点の支配域(dominion)と呼ばれるもので，潜在的に接近可能なターゲットの集合である。そして，このような参照点の関係を参照点構造(reference point construction)と呼ぶ。

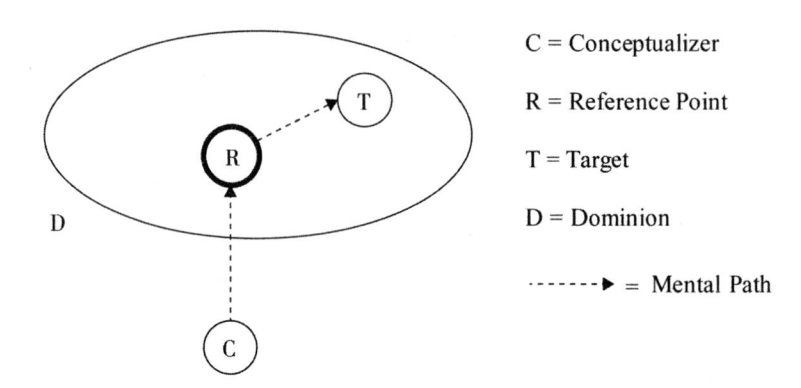

```
                    T
              R
        D
                                    C = Conceptualizer
                                    R = Reference Point
                                    T = Target
                                    D = Dominion
              C                     ------▶ = Mental Path
```

図3.4　参照点構造（Langacker 1993:6）

　参照点構造を用いた空間表現の「先」に関する碓井（2002）の分析は以下のようになる。例えば，(29a) の「槍の先」，(29b) の「ペンの先」の場合，まず，槍やペン全体を知覚し，その上で，その全体を参照点としてその一部である「先」を認知している。この場合，(29a) と (29b) の参照点とドミニオンは一致しているが，(29) に対応する図3.5においてR/Dと描かれているのはこの一致を表したものである。

　　(29) a. 槍の先
　　　　　b. ペンの先

また，この場合の参照点(R)とターゲット(T)は全体と部分の関係になっている。図3.5の破線矢印はメンタルパスを表し，実線の矢印は物体の方向性を表している。ここでいう方向性とは，国広（1997）の現象素の一部である「方向性」のことである。

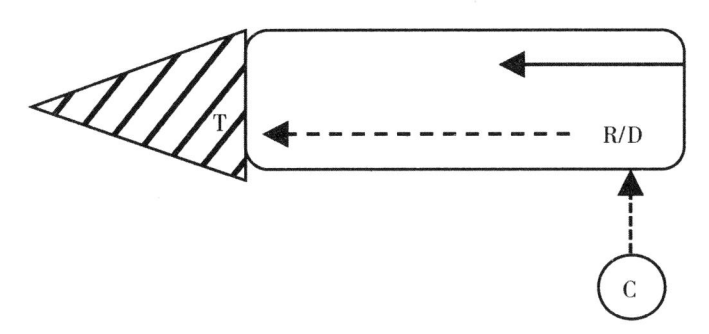

<<< 第三章　前後軸の時間表現に見られる時間認識の仕方

図3.5　部分と全体の関係の参照点構造（碓井2002:152）

　従来の分類とは異なり，碓井（2002）は時間表現の「先」を「順序の先」と「未来の先」に分類している。さらに，この順序関係を表す時間用法は参照点の位置によって「参照点現在」と「参照点未来」に分けられる。このため，同じように未来を表す場合でも「参照点未来の先」と「未来の先」があることになる。また，後に詳述するように，両者はともに時間表現であるにもかかわらず空間性が高いという共通した特徴を持っている。

　「順序の先」は，時間軸上のどの位置にも参照点を置くことが可能であるため，自由度が高いとされる。そして，発話時点は「過去」，「未来」，「現在」とは直接関係がないことに留意しておきたい。図3.6を見てほしい。

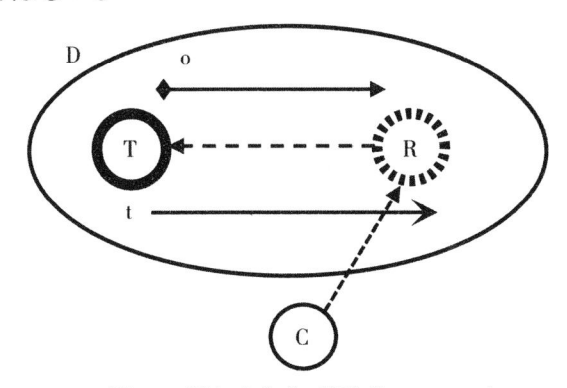

図3.6　順序の「先」（碓井2002:153）

57

図3.6において時間 t は常に過去から未来へと流れている。これは順序を表すO(order)の方向と同じである。また，この例では，参照点 R が明示されていないため，破線で表している。例えば，（30a）のような場合は，「普段または他者」が参照点となり，その参照点より「先」であることを表しているため，参照点が存在していることは確実だが，その位置は絶対的ではない。したがって，この場合，時間軸上の絶対的な位置づけよりもイベント同士の相対的な順序関係を重視しているといえる①。（30b）も同様である。

（30） a. 先に出かける。（国広 1997：249）
　　　 b. 先の大臣。（碓井 2002：153）

参照点を自由に設定できる「順序の先」とは異なり，「参照点現在の先」の場合は，その名の通り，参照点は現在に固定しなければならない。例えば，（31a）の「先ほど」の場合，発話時現在の時間を参照し，そこから比較的近い数分もしくは数時間内の範囲を設定する。そのため，「先ほど」は数日前を指すことができない。同様に，（31b）も発話時現在から最も近い時間帯で発生した世界大戦をターゲットとしており，現時点では第二次世界大戦ということになる。これを図示したものが図3.7である。

（31） a. 先ほど（碓井 2002：154）
　　　 b. 先の世界大戦。（=（19））

---

① 順序の「先」に関する図式はここでは詳述しないが，3.4.2.2節で改めて取り上げる。

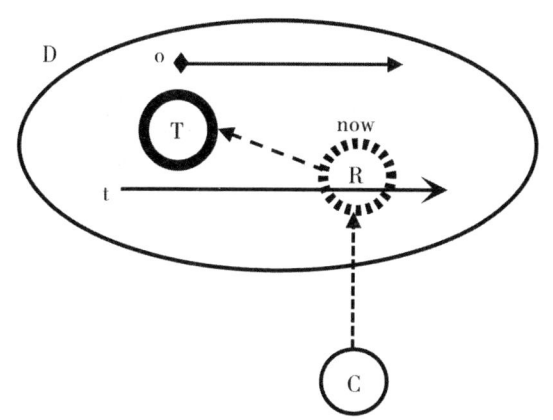

<<< 第三章　前後軸の時間表現に見られる時間認識の仕方

図3.7　参照点現在の「先」（碓井2002:154）

　碓井（2002）は，同じように順序を表す（30b）「先の大臣」と（31b）「先の世界大戦」においても，両者の認知メカニズムは異なると述べている。前者は必ず，現在の大臣の存在を参照点としており，後者は現在という時点を参照点としているというのである。つまり，（30b）は順序性を強調するのに対して，（31b）は時間性を強調しているのである。このように，一見同じように見える例でも，順序性と時間性のどちらにより注目するかに関しては程度の差がある。これに関しては後ほど詳しく説明することにする。

　また，参照点現在の「先」と参照点未来の「先」では，参照点を位置づける場所が異なっている。前者が参照点を発話時現在に置くのに対して，後者は発話時よりも未来の時間帯に置くのである。参照点未来の「先」を図示すると図3.8のようになる。

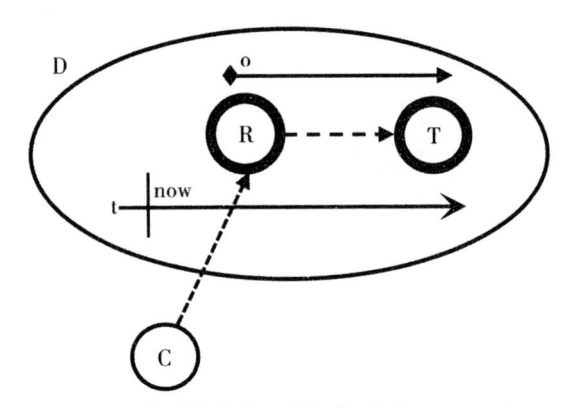

図3.8 参照点未来の「先」(碓井 2002:155)

(32) a. 修論諮問は修論提出のまだその先だよ。(碓井 2002：155)
b. 夏休みが始まるのは期末テストのまだその先だよ。(ibid：155)

碓井 (2002：155) は，(32) のような事例の場合，「参照点よりもターゲットが時間的に未来(先)にあることから，その時点よりもまだその先(先端)にターゲットがあると解釈される。これは空間の「先」の事例である「まだそのサキ」などの構造と非常に類似している」と述べている。そして，このような空間用法との類似性から，碓井 (2002) は，参照点未来の「先」は空間性が高いと結論づける。このことは，逆に，(33)のような空間用法においても時間性を感じることからもわかる。

(33) a. 学校は郵便局のまだその先だ。(ibid：155)
b. 駅は踏切のまだその先にある。(ibid：155)

<<< 第三章　前後軸の時間表現に見られる時間認識の仕方

　以上のことから，「参照点未来の先」は時間用法の指示性だけでなく，高い空間性を持っているという指摘は特筆すべきである。

　最後に，碓井（2002）の「未来の先」について考察する。碓井（2002）によると，未来を表す「先」の参照点は常に認知主体自身である。碓井はこれを「自己参照点構造」と呼ぶ。通常の参照点構造とは異なり，自己参照点構造では，認知主体は言語としては明示化されないが，ドミニオンの中にいてプロファイル（profile）されているとされる[①]。実際，碓井（2002）に従うと，（34）の参照点は話し手であり，話し手自身の前方という感覚が想起されやすく，その意味で空間性が高いと考えられる。

（34）三年先が楽しみだ。（国広 1997：249）

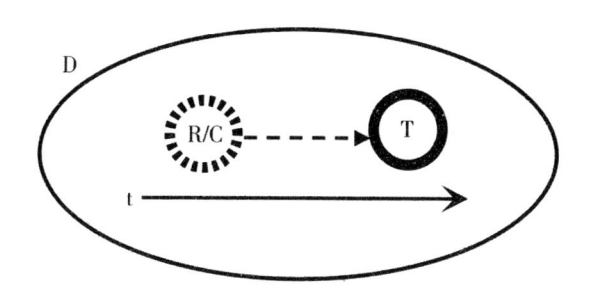

図3.9　未来の「先」（碓井2002:156）

　以上のことから，時間を表す表現においても空間性が深く関わっていることがわかった。これを受けて，先ほど（28）で取り上げたアンケートの結果に対して碓井（2002）は以下のような説明を与えている。

[①] プロファイルとは，事態把握の際に特に注意が向けられる部分，焦点が当てられる部分のことをいう。図3.9においては，太線で描かれた実線と破線の円がプロファイルとなる。

(35) ひとつ先の駅で降りるはずだった。(=28)

(35) の事例を時間用法ではなく空間用法である判断する話者が半数以上に登ったということに対して，碓井 (2002) は，それは (35) が表している状況における「先」が「方向性」を持った空間上の「先」と認知主体のメンタルパスによって決定される時間表現としての「先」が同時に存在しているからであると説明する。そして，「「先」には「空間性」と「時間性」の間に揺らいでいる事例が見られ，その揺らぎは「空間と時間の共起現象」からくるもの」（碓井 2002：156）であるとしている。つまり，「先」の空間用法と時間用法の間には中間段階があるため，両用法の差異は程度問題であるというのである。図 3.10 はこの時間と空間の程度（グレディエンス）を表している。

空間 ━━━━━━━━━━━━━━━━━▶ 時間

「先」　　　　　「先」の駅　　　　　「先」

空間/時間

図3.10　時間と空間のグレディエンス（碓井2002:157）

　碓井 (2002) と同様に，寺崎 (2010) も時間領域を表す「先」が空間領域から写像されたという通説に疑問を抱き，国広 (1997) の研究を踏まえて「内在的先」と「外在的先」という区別を設けた上で，「先」の空間用法と時間用法の意味を考察している。寺崎 (2010) が国広 (1997) の分析と異なっているのは，寺崎 (2010) は自身が主張する「先」の内在性・外在性が時空間の並列性を生じさせていると主張している点である。

<<< 第三章　前後軸の時間表現に見られる時間認識の仕方

　寺崎（2010）は「内在的な先」と「外在的な先」という分類を国広（1997）の提案した「先」の現象素に基づいて定義している。「内在的な先」とは，①物の形状や何らか性質における先端部のことであり，例えば，「釘の先」という表現では，ものの尖った部分を「先」で表している。一方，①で表示しうる「先」と隣接関係にあるのが「外在的な先」である。「この先行き止まり」では，その内在的「先」のある方向に延長された空間に「先」が適用される。このことを図3.11の「矢印」の図を用いて説明する。内在的先とは「矢印」の先端部分であり，外在的先とは，楕円で描かれた「矢印」の先端の隣接部分，つまり，「矢印」そのものの尖った部分ではなく，「矢印」が指す部分が外在的先ということである。

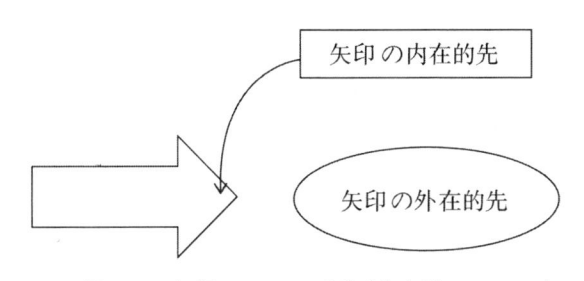

図3.11　矢印の二つの「先」（寺崎 2010:20）

　寺崎（2010）によると，「内在的な先」に関わる空間的要素は2つある。一つは，「ペンの先」「槍の先」のように，モノの内部において状態の差（尖った部分と普通の部分など）を知覚した場合に生じるものである。その際，視線の移動を含めたメンタルスキャニング（心的走査）がモノの内部に生じ，メンタルパス（心的経路）が発生する。空間領域で特定の方向を持った意識の流れが生まれるのはそのためである。もう一つは具体的な形状を持った物体ではない「方向性」を持っているモノを知覚したときに生じるものである。例えば，「旅先」の

ように「自宅」から「目的地」までという一つの大きな流れを知覚した場合，旅行で向かった目的地は，すべて，その方向の一つの要素としての「先」であると考えられる。

また，寺崎（2010：20）は，「外在的な先」に関して「対象内部において存在していた『方向性』がそのままの方向（移動）を維持して対象外部に拡張され」たものだと述べている。つまり，「内在的先」は一つの対象物内で，「外在的先」は一つ以上の対象物の外で限定されるのである。例えば，「鼻の先」という表現では，通常，鼻そのものの一部を指すので鼻の内在的先を表しているが，（36a）の「鼻の先」はそうではない。（36a）の「鼻の先」は明らかに「鼻の先の空間」を指している。つまり，鼻の外在的先なのである。同様に，「行き着いた先」の京都は内在的先として理解され，さらに，この行き着いた所の延長上（つまり，「京都の先」）は外在的先である。

（36）a. 鼻の先をハエが飛び回っている。（篠原2008：190）
　　　b. 行き着いた先は京都だった。（寺崎2010：20）

そして，このように，「内在的先」から「外在的先」まで拡張する過程には，対象とそれに隣接した空間やそれが延長された空間を知覚する人間のメトニミー的な認知特性が関わっていると寺崎（2010）は述べている[1]。

寺崎（2010）は，時間表現を考察する際には，空間表現からの写像を考えずに，純粋に時間要素だけに焦点化を当てて議論を展開してい

---

[1] メトニミーとは，単一領域内の要素の類似性に基づく比喩とされている（cf. 辻2013：46）。

る。つまり，時間の場合にも，「矢印」や「ペン」と同じように，対象となる時間自体に「方向性」を知覚することにより「先」の指示対象を同定するのである。そして，寺崎（2010）によると，モノの場合は，その対象の「先」と「元」という対比構造が明示的であり，「元」となるのは「モノ」であった[1]。一方，時間表現においては，「先」となるのは基本的に過去時であるが[2]，時間は「出来事の起こり方の順序」であるため，ここで「元」となるのは「時点」ということになる。そして，「元」となる「時点」は，その事例ごとに変わるのである。例えば，（37a）では，発話時点で「代金を払う」という行為がすでに終わっていることを表しているため，「元」となるのは「発話時」であり，（37b）では，「先」が指す「聞き手の到着時」は未来時であり，それよりもさらに未来時である「発話者の到着時」が「元」として機能していることになる。

(37) a. 代金を先に払った。(寺崎 2010：7)
　　　b. 先に着いたら注文しておいて。(ibid：21)

このように，一連の「出来事の順序」を対象として把握し，その中の過去時に向かう方向で「先」と同定するのが，「内在的先」の時間用法である。

　空間表現と同じように，時間表現にも「先」が対象の内部に含まれない「外在的先」がある。ただし，空間要素では，対象内部と対象外部の区切りは明確で容易であったのに対し，時間要素ではそのよ

---

[1] ここでの「元」とは，認知言語学における参照点に相当すると考えられる。
[2] ここでの「過去時」は，過去用法と順序用法（順序が前であること）を含む。

うな区切りは不明確である。実際，時間の場合，対象として取り出される時間は認知主体によって主体的に知覚されるもので，「鼻」や「パン」などの対象がそれ自体で持っている内外の区切りのような境界性は備えていない。それにもかかわらず，寺崎（2010）は認知主体が「対象」として把握できる時点が存在するとし，それは「現在」であると主張する。「現在」は人間が知覚できる「時間」の唯一実存的な姿であるというのである。そのため，「自己のおかれた時間」が対象であり，それ以外の時間は対象の外部に存在するものとして捉えられるのである。そして，人は「時間は過去に向かうことはあり得ない」という一般的な知識があるため，「自己のおかれた時間」と「それ以外の外部にある時間」の方向性は必然的に未来に向かうことになり，「先」は「未来時」ということになる。(38)では，時間を自己のおかれた「現時点」とまだ経験してない「未来時」という一つの方向だけに限定し，その上で，まだ発生していない時間を「外在的先」と認識しているのである。

(38) a. 先が思いやられる。(＝26a)
　　　b. お先が真っ暗だ。(＝26b)

以上のように，人間がすでに経験した時間領域かどうかによって時間を内と外に区切ることにより，時間領域においても「内在的先」と「外在的先」を分けることができる。言い換えると，まだ知覚していない(未来時間帯で発生する) 出来事は，現在経験している出来事と関連で知覚するため，「外在的先」として機能するというのである。

寺崎（2010）は，以上の考察に基づき，時間用法の「先」と空間用

法の「先」は一方からもう一方へという派生関係ではなく，事態認知のありように関わる共通の概念基盤から同時に与えられる異なった用法であると指摘している。

　本節で扱った一連の先行研究は，最初の出発点が「先」の基本的な語彙要素であり，そこから空間用法さらには時間用法まで拡張または変換するという点で軌を一にするが，もちろん，論点はそれぞれ少しずつ異なっている。楢和(1997)ではイメージスキーマ，国広(1997)は「現象素」とメタファー，碓井(2002)は参照点構造というよく知られた認知的概念を用いて「先」に関する言語表現の分析を行っており，寺崎(2010)は内在的先と外在的先という独自の概念を使い「先」に関する言語現象の分析を行っている。

　本書の目的は，言語表現の分析を通して人間はどのように時間を認識するかという一般的な問題を検討することであるが，上記の先行研究はみな「先」という具体事例の分析までにとどまっており，そこから時間認識に関わる認知メカニズム全般にまで考察が及んでいないという点で限定的であると言える。特に，「先」が過去も未来も表すことができるという，ある種の矛盾した用法を持っていることに関しては議論が不十分であると言わざるを得ない。

3.2.1.2　時間メタファー説

　前節では，意味拡張の立場からの「先」が用いられる言語表現の分析を概観した。本節では，より支持されている時間論である時間メタファー論(TIME PASSING IS MOTION)を用いた先行研究(渡辺1995；瀬戸1997，2017；篠原2006，2008；岩崎2010；小野寺2018など)の中からいくつか代表的な分析を取り上げて紹介する。

　篠原の一連の研究は，時間メタファー(TIME PASSING IS MOTION)

を用いて日本語の「先」と「前」の時間用法を分析することの適切性かを検討している。篠原（2006）は，時間用法は空間用法から派生するという時間メタファー論を基本的に認めた上で空間認識の実験を行い，「空間の把握様式と時間の把握様式が互いに独立したものではない」（篠原2006：3）と結論づけている。さらに，篠原は空間認知と時間メタファーとの対応関係を検討し，「時間メタファー TIME PASSING IS MOTIONにおいて見られる「前」「先」の振る舞いは，その重要な部分において，空間領域での移動を伴う場合のこれらの語の振る舞いと符合する」（篠原2006：33-34）と指摘している。つまり，空間において移動体であったものが時間領域に写像されても移動体としてふるまうというのである。そして，このように，時間用法は空間用法からの写像であるとする時間メタファー論を検証した上で，篠原（2008）は，Moore（2000）などで提案されている時間メタファー論が日本語の「先」の時間認識に当てはまるかどうかについて検討を行っている。

　2.6節で詳細に説明した通り，Mooreは，Lakoff流の時間メタファーを踏まえた上で，以下のような三分類を行っている。

　　　　（i）ME(Moving Ego 主体移動型)
　　　　（ii）EMT(Ego-centered moving Time 自己中心的時間移動型)
　　　　（iii）SEQUENCE(FRONT/BACK Moving Time 順序型)①

　　（i）ME(主体移動型)では，話者が時の流れと共に移動し，時の流

---

① FRONT/BACK Moving Time は Moore（2004）以降，SEQUENCE IS RELATIVE POSITION ON A PATHと呼び方の変更があったため，本研究ではSEQUENCEに統一してある。

<<< 第三章　前後軸の時間表現に見られる時間認識の仕方

れは話者が出来事を経験して行く過程として過去から未来へ流れると把握される。この場合，話者は時の流れとともに移動し，視点は常に発話時点と同じであると考える。この認識パターンの日本語の時間表現は（39）である。（39）では話者と時間の流れは順方向に進んでおり，未来は話者が進んでいく前方向にある。

　（39）結婚かい，ずっと先の話さ。(渡辺 1995：20)

また，(ⅱ) EMT(自己中心的時間移動型)では，移動する主体は時間である。この場合，話者は「私のいま」に静止しており，移動体としての時間が未来から「いま」に向かって近づいてくる。さらに，その時間が「いま」を越えると過去へ向かって遠ざかって行くことになる。この認識パターンは（40）で示されている。（40）の「先」が過去を指すのは，「いま」から見ると，移動体である時間の「先」が過去へ向かっているからである。

　（40）先の世界大戦。(＝(31))

最後に，(ⅲ) SEQUENCE(順序型)では，時間の前後関係は客観的に決まっており，話者の視点は時間の流れの外にある。そして，2つの出来事の順序関係は常に一定であり，視点の時点との関係は固定していない。（41）で示されている日本語の「先」がこのパターンに見られる用法があり，これは順序を表している。

　（41）太郎は花子より先に帰った。(篠原 2006：28)

篠原（2008）は，この3類型を直示性の観点から表3.1のように整理している①。(i) ME「主体移動型」と (ii) EMT「自己中心的時間移動型」は，全ての出来事を話者の視点との関連で認識することから，直示性を持つといえる。これとは対称的に，SEQUENCE「順序型」には認知主体は現れない。そのため，SEQUENCEは「自己中心的」とは考えられず，よって，直示性を持つとは考えられない。つまり，MEとEMTでは認知主体が直示の中心となっているという意味で共通しており，直示性がないSEQUENCEとは明らかに異なるのである。

表3.1　直示性の有無による分類仕方　（篠原2008：187）

	時間参照型（非直示的）	(iii) SEQUENCE 順序型
TIME PASSING IS MOTION	主体参照型（直示的）	(i) ME 主体移動型
		(ii) EMT 自己中心的時間移動型

このように直示性の観点を分析に取り入れることは大変重要なことである。直示性は空間領域の「前後」と時間領域の「早遅」の対応関係に影響すると考えられるからである。篠原（2006）は，この空間領域の「前後」と時間領域の「早遅」の対応関係を以下のように整理している(cf. 篠原2006：26)。

　　ME：LATER（FUTURE）IS FRONT ／ EARLIER（PAST）IS BACK
　　EMT：EARLIER IS FRONT ／ LATER IS BACK
　　SEQUENCE：EARLIER IS FRONT ／ LATER IS BACK

---

① 岩崎（2010：9）は「直示は「zero point」という意味で「自己中心的(egocentric)」であると述べている。言い換えると，「直示とは発話状況との関連においてのみ理解されるという特徴を持つ」のである。

EMT(自己中心的時間移動型)とSEQUENCE(順序型)の空間領域の「前後」と時間領域の「早遅」の対応関係は「EARLIER IS FRONT／LATER IS BACK」で同じである。ただし，両者は直示性によって区別される。例えば，EMTの（42a）の場合は，明らかに今から見た過去の出来事「一度伝えました」を表しているので，この「先」は直示的である。それに対して，（42b）では，結婚する順番は固定しており，この「先」は直示的ではない。そのため，この「先」は後方向に固定され，「姉が結婚する日」が「妹が結婚する日」より遅いことを表すことになる。

（42）a. 先にお伝えしたように，明日の試合は中止になった。
　　　b. 姉より先に結婚することになった。

　以上の整理から直示性の有無によって空間領域の「前後」と時間領域の「早遅」の対応関係が異なることが分かった。Moore（2000：89，165）は，この直示性の有無に基づく対応関係は，複数の言語に共通する傾向であるとし，言語に普遍的な傾向であると述べている。(43)は篠原(2008)がMooreの議論の要点を整理したものである。

（43）Mooreによる直示性と前後/早遅の関係
　　（i）空間的「前後」を意味する表現が「より早い/より遅い」という時間概念を意味し，かつ直示性が表示されていない場合，「より早い＝前」(EARLIER IS FRONT)，「より遅い＝後ろ」(LATER IS BACK)という概念対応が成り立つ。
　　（i）'未来が主体の前方に，過去が主体の後方にあると捉え

られている言語においては，「より遅い＝前」(LATER IS FRONT)，「より早い＝後ろ」(EARLIER IS BACK)という対応を持つ表現は((ⅱ)の場合を除き)直示性の表示を伴う。

(ⅱ)「時間配列語(言語文化共同体の成員に共有された時間語彙の一種。例えば「朝，昼，夜」や曜日，正月やクリスマスなど)」が前後関係の参照点となっている表現では，直示性の表示がなくてもLATER IS FRONTの解釈を持つことである。

(ⅲ)(ⅱ)に当てはまる例は，主体移動型の時間メタファーに属する。

(篠原2008：188)

篠原(2008)は，(43)のようにMooreの論点を整理した上で，日本語の「先」などの時間用法を例にとりながら，妥当性の検証を行っている。(43ⅰ)の直示性が表示されていない場合は，「より早い＝前」(EARLIER IS FRONT)，「より遅い＝後ろ」(LATER IS BACK)という概念対応が成り立つ。その場合，例えば，(44)のように，いつどこで発話しても，「太郎が帰った時間」と「花子が帰った時間」の順序関係は変わらない。

(44) 太郎は花子より前［先］に帰った。(篠原2008：189)

また，(43ⅰ')の場合は，(45a)に示されるように，試験日は未来の出来事で，まだ発生していないことを表す。これは，「目の前」という直示的表現によって視線が前方に固定されているため，現在の発

話時点より「遅い」時点を指すことになるからである。同様に，(45b)の「これから先」も「これ」という直示的表現があるため，時間が前方向(未来)に固定される。

(45) a. 試験日は目の前だ。
　　　b. これから先　（篠原 2008：189）

(43ii)は，社会的共有知識として持っている出来事の時間配列を表している場合である。ここでの「時間配列語」とは「決まった順序で周期的に繰り返される時間的事象として暦の単位の構成部分をなす一連の語彙」(篠原 2008：188)のことを指す。日本語ではこの時間配列語を含む「Xから先」「Xより先」などの用法があるが，(43iii)に示すように，時間配列語を含む場合には，「行く」などの直示表現を含まなくても直示性を示す場合がある。例えば，(46)では，「正月から先」が指している時間は「正月より遅い時点」であり，「正月より以前の時点」を指すのは不可能である。

(46) 正月から先の予定はまだ立っていません。(篠原 2008：194)

このように，篠原(2008)は，日本語の「先」等の時間用法を分析することによって，言語普遍性を主張するMooreの理論の例証を試みたものである。

篠原の一連の研究が，(43)のまとめたMooreの理論の妥当性を検証することを主な目的としているのに対して，岩崎(2010)，小野寺(2018)は，日本語の「前」「先」の時間用法にはMooreの3分類には該当しないものが存在すると主張し，その該当しない部分は

Langackerの主体性(subjectivity)の観点から説明できると主張している点で異なっている①。それでは，まず，小野寺（2018）から紹介する。

小野寺（2018：22-23）はLangackerの主体性について以下のように紹介している。「Langackerの認知文法理論は概念化者である主体がどのように事態を捉えているかについて分析し，その分析を通して言語現象の全域の説明を試みるというものである。その際，言語表現に直接現れない主体の認知プロセスにも注目している」。この基盤となるLangackerの認知モデルは図3.12で示される。大きな楕円は最大スコープ(maximal scope＝MS)と呼ばれる意識化の可能なスコープ全域を表し，小さい楕円はその中で特に意識が向けられる直接スコープ(immediate scope＝IS)を表している。この直接スコープISは概念化の客体(O)が存在する領域で，オンステージ(OS)領域とも呼ばれている。そして，ある実体(entity)が概念化の客体としてオンステージにある場合，その実体は客体的に捉えられていることになる。図3.12においては，太線で描かれている円が概念化の客体である。ただし，図3.12には表されていないが，通常は，概念化の客体は言語表現が直接指示している部分であるプロファイルとその指示している部分の背景となるベースの部分に分けられ，このプロファイルされている部分のみが太線で描かれることになる②。このような概念化の客体に対し，概念化の主体(S)は概念の非明示的な主体としてオフステージにある。そして，ある実体が「主体的に捉えられている」(subjectively construed) という場合は，その実体がオフステージにあることを意味する。

---

① 主体性を用いて「先」などの時間表現を説明するという鄭（2014）の主張と小野寺（2018）の主張は軌を一にするものである。また，主体性についての詳細は，後ほど3.3節の理論的枠組みのところで紹介する。

② プロファイルとベースに関しては，小野寺（2018：22）では触れられていないかったので，ここで加えて説明する。

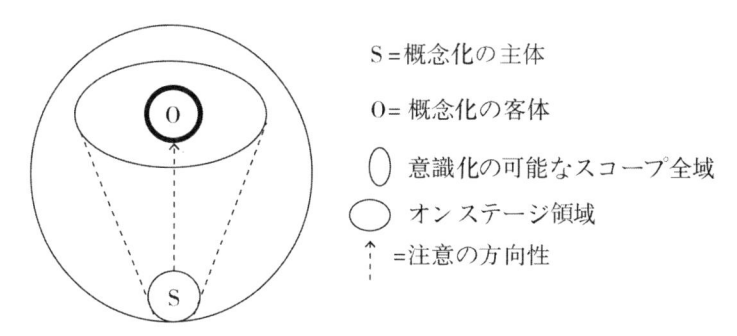

<<<　第三章　前後軸の時間表現に見られる時間認識の仕方

S＝概念化の主体
O＝概念化の客体
◯ 意識化の可能なスコープ全域
◯ オンステージ領域
↑＝注意の方向性

図3.12　概念化の主体と客体の位置関係（Langacker 2008:331）

　図3.13はグラウンド（G）と他の要素との位置関係に関する2つのパターンを示したものである。グラウンド（G）とは言語行為，その状況，参与者（私とあなた）を含む複合体を指し，図3.12の話し手Sは図3.13ではより一般性の高いグラウンドGとなっている。図3.13（a）は認知主体（G）がMSの内側にいる状況を表し，言語化されていない認知主体（G）が外側から事態を把握しているパターンである。これは，（47a）に対応し，「花子はりんごを食べている」という事態を認知主体がISの外側から見ていることを表している。一方，（47b）の場合，「私は」が言語化されているので，認知主体はIS内でプロファイルを受けている。

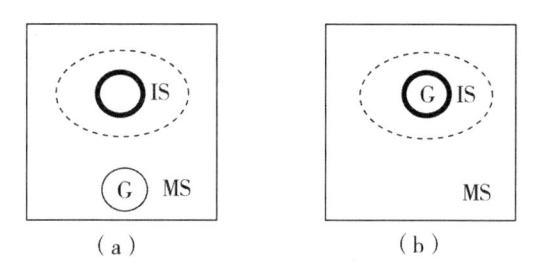

図3.13　2つのパターン（Langacker 1990:319）

75

(47) a. 花子はりんごを食べている。
　　 b. 私はりんごを食べている。

　それでは，主体性の観点から時間表現を分析する前に，まず，(48)の事例を用いてMooreの時間メタファー論の分類を確認しておく。

(48) a. 1980年代，1990年代と現代に近づくとほど，さらにタイムラグはなくなってきている。(ME)
　　 b. 地上の時間に流される齢は取らないと決めてから…(ME)
　　 c. 試験日が近づくにつれて言いようもない不安にとられたりして…(EMT)
　　 d. むなしく時間が流れるだけである。(EMT)
　　 e. 商品を購入する前に確認してください。(SEQUENCE)
　　 f. 新聞より先にその事実を知っている。(SEQUENCE)

　　　　　　　　　　　　　　　　　　　　（小野寺 2018：24）

(48a)から(48f)は，それぞれ，ME(Moving Ego 主体移動型)，EMT(Ego-centered Moving Time 自己中心的時間移動型)，SEQUENCE(SEQUENCE IS RELATIVE POSITION ON A PATH 順序型)の例である。この分類自体に問題はないが，SEQUENCEメタファーが関わると考えられる日本語の時間表現の中には，Mooreが想定しているSEQUENCEメタファーとは少し異なるものが混ざっている。前節で紹介した通り，Mooreが提唱しているSEQUENCEメタファーの特徴の一つに非直示性

<<< 第三章　前後軸の時間表現に見られる時間認識の仕方

があるが①，日本語には，(49) で示されるように，直示的な順序用法もあるようである②。

(49) a. 冬を迎える前に用意しておきましょう。
　　 b. 発表前に何を話すかを決めたり，練習したりする時間をとるとよい。
　　 c. 料理室はいくつもあり，今までも結婚前に娘に通わせる家庭は多いそうだ
　　 d. 私の来日の前に大統領は離日した。

(小野寺 2018: 25-26)

　一見すると，(49) のいずれもMooreのSEQUENCEメタファーの事例として考えられる順序用法である。(49a) では「用意すること」が「冬を迎えること」よりも先に行われるという時間関係を表しており，(49b) も同様に「発表する」より「決めたり，練習したり」するという行為が先に起こるという時間関係を表している。(49c) も (49d) も同様であり，「結婚する」と「料理教室に通わせる」，「私の来日」と「大統領の離日」という2つ出来事の時間関係を表している。これらのような「より早く」「より前」といった前後時間関係を表す例文におけるGは，図3.13 (a) のようにオフステージにあり，2つの出来事の前後関係を外から眺めていると解釈できる。
　しかしながら，ある種の文脈が与えられた場合，これらの例文に関

---

① 直示性は厳密にはより一般的な認知メカニズムである主体性の問題に還元されるが，議論の分かり易さを配慮して，ここでは(非)直示性という用語を用いている。
② 同様の直示的な順序用法は中国語にも見られる。

77

しても主体性(直示性)が生じるようになる。例えば，(49a)は「おきましょう」という表現からわかる通り発話者が聞き手を誘っている状況で用いられており，同様に，(49b)は発話者が聞き手にアドバイスをしている状況で用いられているが，これらの文では，認知主体Gは順番に移動する時間を外から眺めているのではなく，そのような時間軸上にいるとも解釈される。小野寺(2018)は(49)のような順序関係を表す表現の一部はMooreの言う非直示的なSEQUENCEメタファーには当てはまらないと主張している。篠原(2008)も，同様に，SEQUENCEメタファーについては，2つの出来事の時間関係が主体からは独立しているというMooreの分析とは異なって，上記のような例文においては主体性が関わっているとしている。

　また，岩崎(2010)は，「直示」と発話時との関連性についてはMooreの分類は適切ではないとし，「直示」と発話時との関連性について，時間的順序(早・遅の時間関係)を表す「前」と「先」などの例文を挙げて説明している。

　　(50) a. 私は太郎が来る前に食事を済ませた。
　　　　 b. 私は太郎が来た後に勉強し始めた。
　　(51) a. この場所は，前に訪れたことがある。
　　　　 b. 勉強は，後でします。
　　(52) a. 先ほど話したように，明日会議を開きます。
　　　　 b. 会議が歓迎会より先に開かれます。

　　　　　　　　　　　　　　　　　　　　　(岩崎2010：6-7)

岩崎(2010：7)は，(50)と(51)の「前」「後」も，(52)の「先」も，Moore(2006)のSEQUENCEメタファーの観点から捉えられるとし

た上で，これらの表現では参照点に違いがあるとしている。実は，(50) の「前」「後」は「太郎が来る」という出来事を参照点とするのに対して，(51) の「前」「後」は発話時を参照点としているという点で異なっているというのである。同様に，(52a) の「先」は発話時を参照点としているのに対して，(52b) の「先」は発話時と関連していない。つまり，(50) と (52b) は非直示的表現であるのに対し，(51) と (52a) は直示的であるというのである。

そして，「前」と「先」は空間の前後軸をもとにした表現であるため，(53) に示すように概念的には似るようになる。実際，(53) の「前」「先」はともに発話時を参照点とすることができ，発話時現在から見た過去を表している。ただし，もちろん，異なる部分もある。例えば，(54) と比較してみてほしい。

(53) a. 前に話したように，明日会議を開きます。
　　　b. 先に話したように，明日会議を開きます。
(54) a. 食事の前に話したように，明日会議を開きます。
　　　b. ??食事の先に話したように，明日会議を開きます。(ibid：7)

(54a) は (53a) と異なり「食事」という出来事が参照点となっている。一方，「先」の場合は，「前」とは異なり「食事」を参照点とするのは難しい。つまり，一般的には，「先」の参照点は発話時に限定されるのである。この点は (55) からも検証される。

(55) a. 私は前にそれについて話したことがある。
　　　b. ?*私は先にそれについて話したことがある。(ibid：7)

岩崎（2010）に従うと，比較されるものが明示される場合を除いて，「先」の参照点は発話時である。(55b)の容認度が下がるのは，文末の「ことがある」という表現で文全体が現在のことを表しているからである。(56)の対比からもわかる通り，「先」は，発話時現在から見た過去を表すため，通常，過去時制と共起する。

　　（56）a. あなたは先週忙しかったですか。
　　　　　b. *あなたは先週忙しいですか。(ibid：7-8)

比較されるものが明示されない場合，「先」は直示的に解釈される。(56a)の「先週」が発話時を参照点として直近の過去の週を表すのはそのためである。

　同様に，(57)の「前」と「先」はともに発話時を参照点としており，(58)の「前」と「先」はともに「会議(のあった時)」を参照点としている。両者の対比からわかるのは，「前」の場合は，発話時以外のある時点を参照点とすることができるのに対して，「先」の場合は，必ず発話時を参照点とするということである。(58b)の「*会議の先月」が容認されないのは，発話時以外の参照点を取っているからである。

　　（57）a. 私は前月健に会いました。
　　　　　b. 私は先月健に会いました。
　　（58）a. 私は会議の前月健に会いました。
　　　　　b. *私は会議の先月健に会いました。(ibid：7-8)

　岩崎（2010：8）は，上記の例証を通して，以下のように結論づけ

ている。「もし，Moore（2006）の提案するように，Moving Time metaphor を Ego‐centered Moving Time metaphor と SEQUENCE IS RELATIVE POSITION ON A PATH metaphorに分けると，日本語の「先」と「前」の違いを説明することができないことになる。なぜなら，Moore（2006）の分析では，両方ともSEQUENCE IS RELATIVE POSITION ON A PATH metaphorに分類されるからである」。

　岩崎（2010）は，2つの事実を指摘することを通して，MooreのSEQUENCEメタファーの分類は日本語には当てはまらず，これを説明するには新たな認知手段あるいは新たな分類を提示する必要があると主張しているものと思われる。一つ目の事実とは，日本語には直示的用法と順序用法が存在することである。「前」と「先」には，発話時を参照点とする場合があり，この場合を直示的用法と呼ぶことにすると，発話時を参照しない非直示的用法を分けて考えることができる。その上で，もう一つの事実とは，「前」には直示的用法と非直示的用法がともに存在するが，「先」には直示的用法しか存在しないという事実である。仮にMooreのSEQUENCEメタファーの分類が正しいのであれば[①]，SEQUENCEメタファーで上記の事実が説明できるはずである。しかし実際には，SEQUENCEメタファーだけでは，「前」と「先」の差異については何も説明を与えられない。

　このように，上記の岩崎（2010）と小野寺（2018）は，ともにMooreの分類が不適切であるとし，問題は主体性という観点を導入することで解決できるとしている。しかしながら，これらの先行研究では，主体性が関わる具体的な認知プロセスが詳しく検討されていない。そこで，鄭（2014）は具体的な認知プロセスの考察を行っているが，そこでは，前

[①]　(50)～(52)がSEQUENCEメタファーの用法に属するかどうかは議論の余地がある。

後軸が関わる他の時間表現については検討されていないという問題点もある。鄭（2014）の研究に関しては，後ほど3.4節で詳細に議論する。

3.2.2　中国語データに基づく時間表現の考察

　前節では前後軸を用いた日本語の時間表現に関する意味拡張説や時間メタファー論の先行研究について紹介した。一方，興味深いことに，中国語の前後軸を用いた時間表現に関しては，意味拡張や時間メタファーの分類についてはほとんど議論されていないのが現状である。理由は，中国語においては，そもそも時間メタファー論が中国語に適用可能かどうか議論の中心になっており，その先に議論が進んでいないからである。実際，日本語の「先」で見たような意味拡張の分析やMOVING TIMEメタファーやMOVING EGOメタファーの分類の可否についての議論は中国語の先行研究ではほとんど見られず，TIME ORIENTATIONメタファーという基本的なメタファーの可否自体が議論の中心となっているのである。

　TIME ORIENTATIONメタファーとは，Lakoff and Johnson（1999：140）に従うと，時間に関する最も基本的なメタファーであり，人が立っている状況において，その人が立っている場所が「現在」，向いている方向が「未来」，背後が「過去」という写像関係を持っているメタファーのことである。このメタファーに関して言えば，英語や日本語などでは自己の向く方向に常に未来がある，つまり，「自己の前は未来」「過去は自己の後ろ」である[1]。それに対して，中国語では自己が向いている方向に未来があるか否か自体に，まだ議論する余地が残されていると考えられているのである（Alverson 1994；Yu 1998,

---

[1]　もちろん，SEQUENCEメタファーも含めれば，後ろが未来のこともある。

2012；Ahrens and Huang 2002；唐 2015など）。

　英語などの多くの言語では，このTIME ORIENTATIONメタファーにMOVING TIMEメタファー（時間移動型）やMOVING EGOメタファー（主体移動型）が組み合わされると，以下のようなマッピング関係が生じる。以下は，Lakoff and Johnson（1999）に修正を加えたものである。

MOVING TIMEの場合
　　　LOCATION OF EGO（自己の位置）　　　　　　→PRESENT（現在）
　　　SPACE IN FRONT OF EGO（自己の前の空間）　→FUTURE（未来）
　　　SPACE BEHIND EGO（自己の後ろの空間）　　→PAST（過去）
　　　OBJECTS（物体）　　　　　　　　　　　　　→TIMES（時点）
　　　MOTION OF OBJECTS PAST EGO（自己に対する物の移動）
　　　　　　　　　　→'PASSANGE' OF TIME（時間が経つこと）
　　　　　　　　　　　　（cf. Lakoff and Johnson 1999：142）

MOVING EGOの場合
　　　LOCATION OF EGO（自己の位置）　　　　　　→PRESENT（現在）
　　　SPACE IN FRONT OF EGO（自己の前の空間）　→FUTURE（未来）
　　　SPACE BEHIND EGO（自己の後ろの空間）　　→PAST（過去）
　　　LOCATION OF EGO'S PATH OF MOTION（自己の移動経路の位置）
　　　　　　　　　　　　　　　　　　　　　　　→TIMES（時点）
　　　MOTION OF EGO（自己の移動）
　　　　　　　　　　→'PASSANGE' OF TIME（時間が経つこと）
　　　DISTANCE MOVED BY EGO（自己の移動した距離）
　　　　　　　　　　→ AMOUNT OF TIME 'PASSED'（経った期間）
　　　　　　　　　　　　（cf. Lakoff and Johnson 1999：146）

TIME ORIENTATIONメタファーに基づいた上記のマッピング関係を見ると，MOVING TIMEメタファー(時間移動型)をとるにせよ，MOVING EGOメタファー(主体移動型)をとるにせよ，自己の前(向かっている方向)に未来にあることが分かる。

しかしながら，中国語には，自己の前に過去があると考えられる場合も存在する。例えば，Alverson(1994)は(59)の語彙を紹介し，英語と中国語ではこれらの意味は異なると指摘している。英語では自己の前が未来であるが，中国語では自己の後ろが未来になっているというのである。そして，英語では，自己は未来に向かって静止している，または，未来へ向かって動くが，中国語の場合は，自己は過去に向かって常に静止していると主張している。

(59) a. 以前 yi-qian (PRT-front) 'before; in the past'
b. 以后 yi-hou (PRT-back) 'after; in the future'

(Yu (2012: 1337)より転載)

興味深いことに，(59a)では，自己の「前」の空間が「過去」に写像されており，(59b)では，自己の「後ろ」の空間が「未来」に写像されている。

Yu (1998: 99-104)は，Alverson (1994)の「中国語の自己は常に過去に向かって静止しており，未来は後ろから来る」という主張に対して，参照点の混乱(Time vs. Ego)の問題が存在すると指摘し，英語と同様に中国語の場合も「自己にとって未来は前」であると主張している。(60)と(61)はYu(1998)が挙げた事例である。

(60) The verbs in collocation with 'future'
　　a. 展望 zhan-wang (spread. out/unfold - gaze. into. distance/ look. over)
　　　'look into the distance; look into the future; look far ahead'
　　b. 瞻望 zhan-wang (look. forward-gaze. into. distance)
　　　'look forward; look far ahead'
　　c. 瞻念 zhan-nian (look. forward-think. of)
　　　'look ahead and think of (the future)'

(61) The verbs in collocation with 'past'
　　a. 回顾 hui-gu (turn. around-look. back) 'look back; review'
　　b. 回首 hui-shou (turn. around-head) 'look back; recollect'
　　c. 回眸 hui-mou (turn. around-eye) 'look back; recollect; recall'
　　d. 回溯 hui-su (turn. around-trace. back) 'recall; look back upon'
　　e. 回忆 hui-yi (turn. around-recall/recollect) 'call to mind; recollect; recall'
　　f. 回想 hui-xiang (turn. around-think) 'think back; recollect; recall'
　　g. 回念 hui-nian (turn. around-think. of/miss) 'think back; recollect; recall'
　　h. 回思 hui-si (turn. around-think. of/long. for) 'think back; recollect; recall'

(60) では，前方向を含意する動詞が「未来」として使われており，(61) を見ると，「振り返る」という後ろ方向を含意する動詞が「過去」として使われている。

また，Yu (1998: 106) は，(62) のような正反対の時間帯を表す事

例も挙げている。(62a)の"前"は未来を表しているのに対し、同じ"前"でも(62b)の場合は過去を指しているのである。

(62) a. 前途 qian-tu(front/ahead-road)'future; prospect'
b. 前天 qian-tian(front/before-day)'the day before yesterday'

(62a)と(62b)は、それぞれMOVING EGOメタファー(主体移動型)とMOVING TIMEメタファー(時間移動型)に属する。(62a)は主体移動型であるため、主体が自己の前にある未来に向かって移動するのである。一方、(62b)は時間移動型である。そのため、前方から未来が静止した自己に向かって移動してくる。つまり、この矛盾した用法は、メタファーの違いによってもたらされるのである。

さらに、Yu(1998:137)は「自己の前」にいる人々は過去の世代であり「自己の後ろ」にいる人々は未来の世代であるという意味を表す(63)の表現を挙げて、自己は未来へ動いている列にいると捉えられていると述べている。

(63) a. 前人 qian-ren(front/ahead-people)'forefathers; predecessors'
b. 后人 hou-ren(front/before-day)'later generations; the older generation'
c. 前辈 qian-bei(front/ahead-generation)'senior (person); elder; the older generation'
d. 后辈 hou-bei(back/behind-generation)'younger generation; juniors'

<<< 第三章　前後軸の時間表現に見られる時間認識の仕方

　それでは，図3.14(Yu 1998：107を修正）を用いてYu（1998）の主張を説明する。この図では，人が未来に向かって移動している列車の中に座っているところをイメージしてほしい。未来へ向かう列車の車両はそれぞれ時点を表している。例えば，3時の車両に乗っている自分にとっては前の車両は1時と2時であり，この車両に乗っている人が"前人/前輩"に当たるというわけである。逆に，後ろの車両は，4時と5時であり，この車両に乗っている人が"后人/后輩"となる。

　　　　　　　1時○　2時○　3時⊙　4時○　5時○

図3.14　未来に向かって移動している列車（cf. Yu 1998:107）

　このように，人間は時間の中で時間とともに生きていると考えた場合，出来事は時間とともに「起こる」ので，人間と出来事はすべて想像上の時間列上に「位置づけられる」のである。それは，さながら図3.14の時間列車の中にいるようなイメージである。そのために，私たちの概念体系では異なる時代や異なる年齢の人がそれぞれ異なる車両に乗っていることになる。そして，早いものが遅いものの前に位置づけられるような空間的な順序体を「人（Human）の列」と呼び，時間を人の列と見なす場合には，人間が対象物（Human-Referent：Human-R）となる。つまり，時間を対象物（Time-Referent：Time-R）とするのではなく，人を対象物（Human-R）とするのである。このことは，後ほど表3.2で再度整理する。

　また，Ahrens and Huang（2002）は，Yu（1998）の分析に異論を唱え，中国語のMOVING TIMEメタファーにおいては自己が過去に向かうと主張し，(64)の例を挙げている。

(64) a. 前年　　　　我　　到　　美国　　去　　了。
　　　 qian-nian　　wo　　dao　　meiguo　　qu　　le.
　　　 front-year　　I　　to　　America　　go　　ASP.
　　　'I went to America two years ago(the year before last).'

b. 我　　打算　　后年　　结婚。
　　wo　　dasuan　　hou-nian　　jiehun.
　　I　　plan　　back-year　　marry
　　'I plan to marry two years from now(the year after next)'

c. 前　不　见　古　人，后　不　见　来　者。
　　qian　bu　jian　gu　ren, hou　bu　jian　lai　zhe.
　　front　not　see　ancient　people　back　not　see　come　those
　　'before me, I can't see any predecessors; behind me I can't see any followers.'

(Ahrens and Huang 2002：499-500)

　　Ahrens and Huang（2002：500）は，(64)の事例をもとに静的な話者（自己）にとって「話者（自己）の前にあるのは過去，話者（自己）の後ろにあるのは未来」という把握の様式が存在すると結論づけている。つまり，自己が静止しているため（64a)の"前"は過去を表し，(64b)の"后"は未来を表すというのである。

　　Yu（2012：1345）はAhrens and Huang（2002）が根拠としている上記の例文に対して，以下のように反論している。(64a, b)の過去を表す"前年"と未来を表す"后年"は時間を対象物（Time-R）としているため，自己（Ego）にとっての「前」と「後」はではなく，それとは別の時点（Time）の「前」と「後」を指す。例えば，(65)では「前」と「後」は自己とは全く関係がなく，過去/未来とも無関係な順序を表

しているのである(Yu 2012：1345)。つまり，Ahrens and Huang (2002)においても「時間」と「自己」のどちらが参照点なのかに関して混乱が生じているのである。

（65）a. 三点前 san-dian-qian(three o'clock-front)
'before three o'clock(lit. in front or ahead of three o'clock)'
b. 圣诞后 shengdan-hou(Christmas-back)
'after Christmas(lit. behind Christmas)'

また，Ahrens and Huang (2002：511)は，この過去の方角に向いている静的な自己と時間移動型のMoving Timeメタファーを融合したものが2000年以上一貫して続いている中国語の唯一の伝統的で主要な時間認識の様式であるとし①，「未来の方角に向いている自己」は最近導入されたばかりの現代的な時間認識のあり方だと主張している。この主張に対して，Yu（2012：1345)は2つの間違いがあることを指摘している。一つは「未来の方角に向いている自己」という概念化の仕方は唐宋朝の時代からすでに存在しているという事実である。(66)は唐宋朝時代の事例であり，過去をみるために振り返らなければならないということは，自己が未来に向いていることを表している。

---

① "the moving time metaphor with the static ego facing the past is the traditional and primary conceptualization of time in Mandarin and the only one that has been diachronically consistent for over two thousand years"（Ahrens and Huang 2002：511)

(66) a. 春风　　　回首　　　　　仲宣　　楼。
　　　（唐代杜甫）
Chun-feng　hui-shou　　Zhongxuan　lou.
(Du Fu, Tang Dynasty)
spring-breeze　turn.around-head　Zhongxuan　tower
(I can only recall [lit. look back at] you on the Zhongxuan Tower in spring breeze.)(《将赴荆南寄别李剑州》)

b. 回头　　　　　乐事　　　总　　成　　尘。
　　（宋代苏轼）
Hui-tou　　　　Leshi　　zong　cheng　chen.
(Su Shi, Song Dynasty)
turn.around-head　happy-things　always　become　dusts
(When I look back at the happy things, they always seem to have turned into dusts.)(《至济南李公择以诗相迎其韵》)
　　　　　　　　　　　　　　　　　（Yu 2012：1345-1346)

　Yu(2012)が指摘するもう一つ間違いは、Moving Timeメタファー(時間移動型)が長い間中国語における唯一の時間認識の様式であったという主張に関するものである。(67)に示すように、少なくとも唐朝時代からMoving Egoメタファー(主体移動型)も存在していたという事実である。(67)の"前路"という表現は「これから進む道」という意味を表し、これは時間ではなく主体(自己)が動くことを意味している。

(67) a. 莫愁　　　前路　　无　知己，天下　　谁人不识君。
　　　（唐代高适）
Mo chou　qian-lu　Wu　zhiji, tian-xia　shuiren bu shi jun.

<<< 第三章　前後軸の時間表現に見られる時間認識の仕方

don't worry front-road there-are-no bosom-friends under-heaven who not recognize gentleman
(Don't worry about not being able to meet bosom friends on the journey ahead; who under heaven does not recognize a [real or true] gentleman?)(《別董大二首》)

以上の例からわかるように，中国語の場合も英語と同様に自己にとって未来が前にあるという認識は以前よりあったというYu (2012)の主張は妥当であり，Ahrens and Huang (2002)の問題は，何を参照点にするのかに関して混乱しているところにある。このような混乱を避けるため，Yu (2012：1349)は対象物(Referent)と参照点(Reference point)を基準として用い領域間の対応関係を表3.2のようにまとめている①。

表3.2　前後軸における領域間の対応関係　(Yu 2012：1349の表の一部を引用)

	Frame of reference		Horizontal orientation		
No.	Referent	Reference point	Source：space		Target：time
1	Time	Ego	Front/Ahead	→	Future
2	Time	Ego	Here/Co-location	→	Present/Now
3	Time	Ego	Back/Behind	→	Past
4	Time	Time	Front/Ahead	→	Earlier
5	Time	Time	Back/Behind	→	Later
6	Human	Human/Ego	Front/Ahead	→	Earlier
7	Human	Human/Ego	Back/Behind	→	Later

---

①　Yu (2012)は「前後」以外にも「上下」の領域間の対応関係も述べているが，「上下」の対応関係については5.3節で取りあげる。

91

表3.2が表していることを説明すると次のようになる。まず，自己（Ego）を参照点として対象物（Referent）である時間を認識する場合は，「前」は未来に，「ここ」は現在に，「後ろ」は過去に対応する。次に，参照点と対象物がともに時間である場合は，「前」は過去に，「後ろ」は「未来」に対応する。最後に，人を対象物とする場合であるが，その場合は必ず参照点も人であり，「前」は「早い」に，「後ろ」は「遅い」に対応している。

このことから，対象物が人間である場合，過去の人間が自己（参照点）の前にいるのに対して，対象物が時間である場合，過去の出来事は自己（参照点）の後ろにあるということが分かる。このように，Yu（1998）を一方進めたYu（2012）は，それまで重視されて来なかったHuman-RとTime-Rの区別を対象物に導入することによって，自己にとっての「前」は未来に当たるのか過去に当たるのかという問題が解決できるとしている。

また，唐（2015）はYu（2012）のTime-RとHuman-Rの区別を重視すべきという主張に賛同した上で，以下の4つのモデルを提案している。モデル1は，時間が対象物（Time-R）で，人間が参照点になる場合である。その場合，時間は未来から過去へ移動し，自己が未来の方向を向いて静止している。いわゆるMTメタファーのパターンである。図3.15で示されるように，未来から過去に向かって走っている時間列車をイメージしてほしい。そして，自己は列車が通過するのを列車が向かってくる方角を向いて見ている。例えば，発話時現在において，自己が3号車の位置から通過する列車を見ているとしたら，3号車は「現在」，自己の位置をすでに通過した1号車と2号車は「過去」，まだ通過していない4号車と5号車は「未来」をそれぞれ表すことになる。そしてこの状況では，自己にとって，「前」が「未来」を指し，

<<< 第三章　前後軸の時間表現に見られる時間認識の仕方

「後ろ」が「過去」を指すことになる。(68) がこのモデルに対応している例文である。

図3.15　過去に向かって移動している列車 (cf. 唐 2015:55)

(68) 中国教练要学习他的长处，不要比较自己的过去，而应当往前看。
　　 (中国のコーチは彼のいい所を勉強すべき，自分の過去にこだわらず，前を向いているべきだ[1]) (唐 2015：56)

　モデル2は対象物も参照点も人間である場合である。この場合は，自己が未来にある目標に向かって移動するパターンである。図3.16のように複数の人間が列をなして並んでいる状況を想像してほしい。その場合，自分より先に来た人たちは自分の前に並んでいて，自分より後に来る人たちは自分の後ろに並ぶことになる。注意したいのは，この場合の「前」は時間ではなく，自分より時間的に早く来た人たちを指しており，「後ろ」は逆に自分より時間的に遅く来た人たちを指していることである。そして，自己は過去に向かって進んでいるのではなく，未来にある目標に向かって列をなして進んでいるという点にも注意が必要である。この場合，進行方向が未来であるにもかかわらず，自己の前にいる人間は自分よりも過去にその列に並んだことを意味する。このモデルに当てはまるのは，(69) の"古人"（先に来た

---

[1]　以降，先行研究から引用されているすべての中国語の例文の日本語訳は筆者による（左（2007）の例文を除く）。

人）や"来者"（ここに向かってくる人）のような事例である。

図3.16 未来に向かって移動する人間の列（cf.唐2015:55）

(69) 前不见古人，后不见来者。（ibid：55）（前を見ても先に来た人が見つからないが，後ろを振り返って見てもここに来る人は見つからない。）

モデル3は参照点と対象物がともに時間である場合であり，自己と関係なく，時間が移動しているパターンである。このモデルでは，図3.17のような，未来から過去に向かって走っている時間列車をイメージする。仮に，3号車を現在の時間としたら，これを基準として，前の1号車と2号車は過去を表し，後ろの4号車と5号車は未来を表すことになる。注意が必要なのは，このイメージの中に人間は現れないことである。例えば，(70)の"往前看（前を向いて見る）"の"前"は現在(3号車)を参照点としてその前にある1号車と2号車を指すが，これらは過去を表すことになる。そして，この認識には人間が対象物や参照点として関与していないのである。

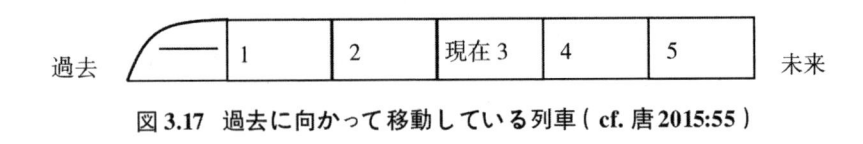

図3.17 過去に向かって移動している列車（cf. 唐2015:55）

(70) 我们现在批判的东西你回头去看，这个胡适的时代批评过，

你再往前看，梁启超的时代批评过，你再往前看，恐怕龚自珍也批评过，所以就是历史不断地重复自己。(ibid：56)
（私たちが現在批判しているものを振り返って見ると，これは胡适の時代ですでに批判され，再び前に向かって見ると，梁启超の時代でも批判され，さらに，前に向かって見ると，龚自珍の時代でも批判されていた。このように歴史は常に繰り返している）。

　最後のモデル4は，時間が対象物で人が参照点になる場合である。この場合，時間は静止しており，その静止した時間の中を自己が未来に向かって移動するという認識（＝MEメタファー）である。図3.18で示されるように，「前」が「未来」，「後ろ」が「過去」を表すことになる。

過去　　　　現在　　　　未来

図3.18　未来に向かって移動する人間（cf. 唐 2015:55）

（71）我这人有个特点，绝不往后看，不走回头路，不吃回头草。过去属于死神，未来属于你自己。(ibid：56)
（私にはある特徴がある。それは絶対に後ろを振り返って見ないこと，一度歩いてきた道を二度と戻らないことだ。過去は死神のもので，未来は自分のものである。）

　上記のYu（2012）及び唐（2015）の分析に従うならば，中国語話者も英語や日本語の話者と同じように自己は常に未来へ向かうと考えて

もよいようである。

　3.2節では，前後軸における日本語と中国語の時間表現に関する先行研究を概観したが，日本語については主体性と時間表現の間にどのような関連性があるのか，その具体的な認知プロセスは何かという問題が残され，また，中国語については自己にとって未来は前にあるのかというTIME ORIENTATIONメタファーについては詳細に検討したが，その背後の認知プロセスについては検討していない。

　そこで，続く3.3節と3.4節では，Mooreの3つのメタファー(ME・EMT・SEQUENCEメタファー)と事態把握の様式とを組み合わせることによって，人間はどのように前後軸を用いて時間を認識するかという問題に迫りたい。

3.3　本章の理論的枠組み

　本節では，分析の前提をなす考え方として，主体性/客体性に基づいた事態把握の様式の区分を紹介し，その上で，時間に関する3種類のメタファー(ME・EMT・SEQUENCEメタファー)の認知図式を提案する。

3.3.1　事態把握の様式：事態内視点と事態外視点

　主体性(subjectivity) が前後軸における時間の認識のあり方に深く関わっているという指摘は，すでに岩崎 (2010)，鄭 (2014)，小野寺

(2018)などの多くの先行研究に見られる①。

中村（2004：21）は「Langackerの主観性は言語構造を客観的な構造とはせずに，私たちのもつ一般的な認知能力・認知プロセスの反映とする点にある」と述べ，言語が主観性と深く関わっていることを示唆している。さらに，Langacker（2008：43）は，概念化の定義に関して，以下のように論じている。「言葉の表す意味は，概念化のプロセスにある。概念化は，ダイナミックで，相互作用的であり，命題に対してイメージ的であり，そして想像的な営みである」（ラネカー 2011：55）と述べている。さらに，世の中に客観的に存在するものについて記号で考えることは必ず主観性を伴う。そして，これが言語の本質なのである。概念化の過程は，こうした客観的に存在するものを見て，それに関わる全ての情報を処理し，頭の中で考える過程である。

概念化の際には，概念化を行う主体（認知主体）と概念化の対象となる客体が必須の要素として存在する。このような概念化の認知プロセスを主体（subject）と客体（object）の関係から図示したものが前節の紹介した図3.19（=図3.12）である。図では主体と客体が完全に分離しているが，Langackerはこれを程度の問題と考える。例えば，概念化を行う者が概念化を行うことだけに徹している場合は，その概念化者の主体としての役割つまり主体性は最も高いが，概念化者が自分の存在を意識した場合は，定義上，その概念化者は自己を客体視したことになる。つまり，その概念化者の主体性は自己を意識した分だけ低くなるのである②。言い換えると，概念化者は自己を主体として捉える（subjectively construed）だけでなく，自己を概念化の対象として客体的

---

① Subjectivityという用語には異なった訳語が与えられることがある。本稿では，Langackerの術語としてのsubjectivityは「主体性」とすることにする。
② このことは，逆に言うと，自己の客体性が高くなるということである。

に捉える(objectively construed)こともできるのである。したがって，主体性とは概念化者が自己をどのように主体性のスケール上に認識するかの問題であると言える。

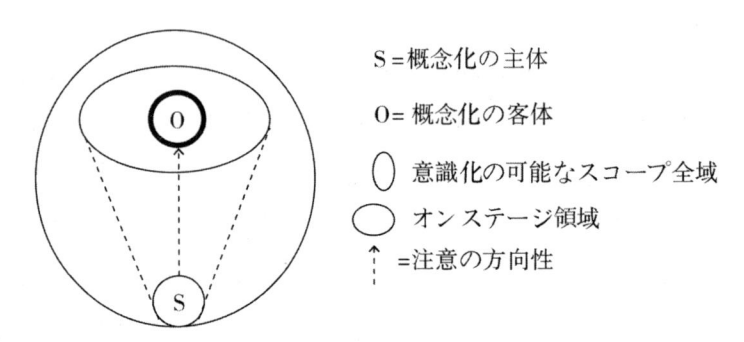

　　　　　　　　　　S＝概念化の主体
　　　　　　　　　　O＝概念化の客体
　　　　　　　　　　◯ 意識化の可能なスコープ全域
　　　　　　　　　　⬭ オンステージ領域
　　　　　　　　　　↑ ＝注意の方向性

図3.19　概念化の主体と客体の位置関係（Langacker 2008:331）

　本書では，このLangackerが提案した概念化のモデルをさらに発展させた事態把握の様式を使用する。事態把握の様式とは，認知主体が事態を把握する際に用いる様式のことである。町田（2009，2011）は，図3.19の概念化の図式を詳しく検討し，人間の事態把握の様式には少なくとも事態外視点と事態内視点という2つの様式があると提案している。町田（2009，2011）は，両者の違いを認知主体がボクシングをしている場面を例として次のように説明している。事態外視点とは，図3.20に示されるように，ボクシングをしている自分をもう一人の自分が外から見ているかのように場面を捉えている場合で，認知主体（C）が自己を分裂させ，事態を外側から見るタイプの事態把握の様式のことである。一方，図3.21は，同じようにボクシングをしている場面を描いているが，こちらには認知主体が描かれていない。この場合の認知主体は，事態を外側から見る傍観者ではなく，事態の中に身を置く事態の当事者となっている。この図から明らかなように，事態内視点は，認知主体が事態の内側から事態を見るタイプとい

<<< 第三章　前後軸の時間表現に見られる時間認識の仕方

うことになる。この基本的な観察をLangackerの認知文法の枠組みをもとに認知図式をに直したものが右側の図式になる。図3.20右図では，認知主体CはOS上の要素と点線で結ばれているが，これは両者が同一指示であることを表している。つまり，自己が概念化の主体と客体に分裂しているのである。一方，図3.21右図には，破線で囲まれたSS(Subjective scene：SS)という領域がある。これはLangackerの図式と最も大きく異なる点である。SSとは認知主体の「主観的な見えの世界」を表すと規定されている。それに対し，オンステージOSは，言語化される領域を表している。

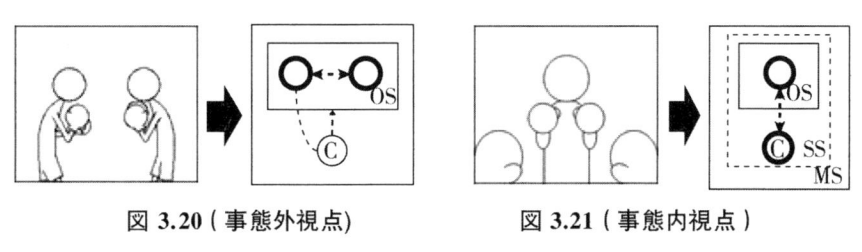

図 3.20（事態外視点）　　　図 3.21（事態内視点）

町田（2012:247）

3.3.2　三つのメタファーの中日両言語データへの適用

第2章で概念メタファー及び時間メタファー論などを紹介したが，ここで，改めてMoore(2006)の時間論(MEメタファー，EMTメタファー，SEQUENCEメタファー)がどのように日本語と中国語のデータに適用されるのかを考察する。

MEメタファー(主体移動型)は，時間が静止しており，認知主体が移動するパターンである。このメタファーを図示すると図3.22のようになる。Cは認知主体，矢印tは時間軸を表し，この矢印tの指している方向が未来となる。そして，このメタファーでは，認知主体が時間

軸 t 上を移動することになる。例えば，(72)に示すように，私たち人間が静止した経路としての時間の中を過去から未来に向かって移動するかのように捉えることができるのは，このメタファーが存在するためだと考えられる。

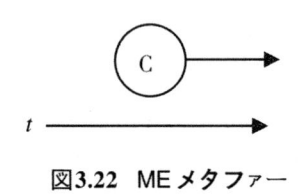

図3.22 MEメタファー

(72) a. 私たちはこれからも共に歩み続ける。
　　　 b.（我）正步入人生的黄昏。(I'm walking toward the twilight of my life)　　　　　　　　（碓井 2008：69 一部の引用）

MEメタファー(主体移動型)とは異なり，EMTメタファー(自己中心的時間移動型)では，認知主体が静止し，時間が動くパターンである。図3.23が表しているのがこのメタファーである。この場合，移動体である時間 T が未来から認知主体に向かって移動することになるため，移動体である時間 T の先端(矢印の先)が時間軸 t 上では過去に位置づけられることになる。

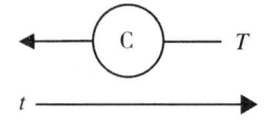

図3.23 EMTメタファー

例えば，(73)に示すように，「年末」や"春节"は未来から現在へ，さらに過去へと移動していく移動体として捉えられているため，その

<<< 第三章　前後軸の時間表現に見られる時間認識の仕方

背後に「時間は移動体である」という概念メタファーが存在していることになる。

(73) a. 年末が近づいてきて，何かと慌しい。(籾山 2014：105)
　　　b. 春节将至，全国各地很热闹。
　　　　（春節が近づいてきて，全国各地は賑やかな雰囲気に包まれている。）

上記の2つのメタファーと異なり，SEQUENCEメタファー(順序型)では出来事が認知主体から離れて独立しているために非直示的であるといえる。このメタファーでは2つの出来事の位置関係(＝順序）を表しており，図3.24で示すような時間認識を行っている①。

図3.24　SEQUENCEメタファー

図3.24の2つの円は2つの出来事を表しているが，ここで注意しなければならないのは，この2つの出来事の方向が必ず一方向に向かうことである。そして，この2つの出来事はともに過去の時間帯に起こる可能性もあるが，未来の時間帯で発生する可能性もある。つまり，いつ生じるかに関しては全く指定がない。ただし，この2つの出来事の間の起こる前後の時間関係は（74）に示すように一定である。

---

① 図3.22から図3.24までの図は理解しやすさを重視して簡略化してある。次節では，Langacker (2008) の枠組みを用いてこれらの図を図式化することを提案する。

(74) a. 太郎は花子より先に帰った。
　　 b. 小王比小李先回家。(王さんは李さんより先に帰った。)

3.4　中日両言語の時間表現の背後にある認知プロセス

3.4.1　問題提起

本章の第1節で概観したように，「先」にはさまざまな用法がある。具体的には，(75a)の物体用法と(75b)の空間用法の他に，(75c)の未来用法，(75d)の過去用法，(75e)の順序用法などの時間用法もある。そして特に興味深いのは，(75c)の未来用法と(75d)の過去用法が，「先」という同一の語で，同時に過去と未来という正反対の時間関係を表していることである。

(75) a. 針の先が刺さる。　　　　　【物体】
　　 b. 50メートル先，段差がある。【空間】
　　 c. 先を見据えて，勉強する。　【時間：未来】
　　 d. 先ほどの意見に賛成だ。　　【時間：過去】
　　 e. 先にご飯を食べよう。　　　【時間：順序】

3.2.節で紹介した「先」に関する主な先行研究では，基本的な物体用法から，空間用法へ，更には時間用法へという「先」の表す概念の意味拡張過程を説明するものであった(cf. 楢和1997；国広1997；碓井2002；寺崎2010)。しかしながら，このような説明手法では，以下の(76)のような事例は説明できない。(76)では，同じ順序用法

<<< 第三章　前後軸の時間表現に見られる時間認識の仕方

の「先」であるにもかかわらず容認性が異なるからである。（76a）は容認されるのに対し，（76b）は容認されない。このように，同じ順序用法の事例にも何らかの制約が働く場合と働かない場合が存在することは，従来の説明手法では十分に扱えない。

　（76）a. 彼が来るより先に，彼女がやってきた。(= 22)
　　　　b. *台風が来るより先に，食料を買いだめしておこう。

これに加えて，「ここから先」「ここより先」のように空間用法ではほぼ同じ意味を表す「Xから先」と「Xより先」という表現が，（77）のような時間用法では，異なった容認性を示す。（77a）は容認されるのに対し（77b）は容認されないという事実は，メタファーによって空間用法から時間用法が発生したとするだけでは説明できないように思われる。

　（77）a. 大晦日より先に，天皇誕生日がある。
　　　　b. *大晦日から先に，天皇誕生日がある。(篠原 2008：19)

　岩崎（2010）は，「先」の参照点が何かという問題の考察，特に，（76）と類似している(58)と(59)の容認度が異なっている原因の考察を通して，間接的にではあるが，（76）のような「より先に」の文の容認度が異なる原因の一部を説明できると考えている。そして，「先」は，通常，過去時制と共起し，「過去」または「順序」の意味を表すため，（76b）が過去時制ではないことが不自然であることの原因であるとしている。
　また，篠原（2008）は，（77）の「から先」が容認されないことに

103

関して，次のように述べている。「から」は何らかの起点から未来に向かうことを表している。そのため，「大晦日から」は必ず大晦日よりも未来の時間帯を表すことになる。しかしながら，「天皇誕生日」は「大晦日」よりも早い日付であるため，起点よりも未来の方向を指す「から」とは整合性を保てないのである。

　篠原（2008）は「天皇誕生日」や「大晦日」のような客観的な時間配置を含意する語を「時間配列語」と呼んでいるが，（78）のような時間配列語（SEQUENCEメタファー）を含まない文においても主体性が関与していると思われる事例が存在する。小野寺（2018）などは，Mooreのメタファーの三分類は不適切だとし，主体性を組み込んだ分類が必要であると主張しているが，どのように主体性の議論を認知プロセスの中に組み込むのかに関してほとんど議論がなされていない。

　（78）冬を迎える前に用意しておきましょう。(=（49a））

　確かに，中国語の場合だけを見た場合には，自己の前は未来に当たるのか，過去に当たるのかという問題を考察することによって，人間一般の時間認識のあり方が理解できるように思われるかもしれない。しかしながら，前後軸を用いた時間表現について考察する場合は，より詳細な中国語話者の認知プロセスを明らかにしない限り，どのように時間を認識しているのかという問いに対して答えを提示したことにならない。本書の最終的な目的は，人間は一般に時間をどのように認識しているのかを明らかにすることであるが，そのためには一つの言語の表現を取り上げるだけでは不十分である。ここで日本語と中国語を対照するのはそのためである。

<<< 第三章　前後軸の時間表現に見られる時間認識の仕方

　人間は客観的に外界に存在するものを自らの主観的な認知を通して言語として記号化する。そのため，人間は慣習化された記号としての言語表現を使うたびに，慣習化された認知プロセスを通して外界を見ることにもなる。通常，人の脳の構造や脳内のシステムは同じであるにもかかわらず，同じ現象に対して異なった言語表現を用いることが可能であるが，用いられる表現の差異が認知プロセスの差異を反映していると考える理由はそこにある。つまり，言語間の表現の相違は話者の認知の相違を一定の範囲内で反映していると考えるのである。もちろん，言語が異なれば，外界を全く異なるものとして理解しているわけではない。人間として共通の認知プロセスを用いることにより，類似した表現になることも多い。しかしながら，逆に，文化などの影響や事態把握の様式の違いなどにより，認知プロセスが若干異なり，それを反映する形で言語表現も異なることがある。
　このような立場から見ると，複数の言語の共通点と相違点を明らかにし，その際の話者の認知プロセスの共通点と相違点を考察することが不可欠となってくる。以下では，日本語と中国語を対照しながら，従来の概念メタファーを用いた説明に加えて，主体性（客体性）の問題を組み入れる必要があることを論じる。

3.4.2　日本語の「先」と中国語の"先 xian"

3.4.2.1　中日両言語の差異
　まず，(79)を見てみよう。中国語の"先"には順序用法があり，

この点では，日本語と中国語には共通点が見られる①。

  (79) a. 先に出かける。(＝30a)
    b. 先出去。

これに対し，時間を表す用法に関しては，日本語と中国語には違いが見られる。日本語の「先」には過去と未来を表す時間用法があるのに対し，中国語にはそれに対応する用法がないのである②。例えば，中国語の"先 xian"には未来用法がないため，(80a)に対応する(80b)では"先"を用いることはできない。そのため，この場合，"未来(未来)"のような別の表現を使うことになる③。

  (80) a. 先のことなど誰にもわからない。(＝(18))【未来用法】
    b. 未来的事情谁也不知道。
  (81) a. 先の世界大戦。(＝(40))   【過去用法】
    b. 先前的世界大战。

また，(81)に関しては注意が必要である。(81a)の日本語の過去

---

① (79a)に対応する中国語訳には，通常，主語が必要であるが，「私(我)」が主語なのか「あなた(你)」が主語なのかは文脈による。そのため，誤解を避けるために主語は訳出しない。同様の理由から，以降の例文においても中国語として最も典型的な訳出を行うが，他の解釈の可能性があることは意識しておく必要がある。
② 本研究では，日本語の「先(に)」と中国語の"先 xian"の品詞の差異については検討しない。
③ 日本語の「先」の未来を表す意味に対応する中国語はいくつかある。ここでは最も一般的な単語"未来 wei-lai"にしておく。他にも"将来 jiang-lai"，"遥远 yao-yuan"などがある。

<<< 第三章　前後軸の時間表現に見られる時間認識の仕方

の用法に対応するのは（81b）だが，中国語では"先前 xian-qian"となっている。この"先前"という表現を見ると，中国語の"先 xian"にも過去の用法があるように見えるかもしれない。しかし，実際には，ここで過去を表しているのは"前 qian"であり，"先 xian"の本質的な意味ではない。これに関しては，(82)を用いて説明する。(82a)は先ほどの（81b）と同じだが，この表現は，(82b)のように言い換えることができる。つまり，"先"がなくても過去のことを表せるのである。このことから，過去を意味するのは"先 xian"ではなく"前 qian"だということがわかる。つまり，中国語の"先 xian"は過去は表していないのである。

（82）a. 先前的世界大战。(=(81b))
　　　 b. 之前的世界大战。

　更に，中国語の"先 xian"が過去を表しているとは言えないという証拠は他にもある。例えば，日本語で「先日」という場合，中国語では"前几天（日）qian-jitian（ri）"と言う。もちろん，(79)のような順序を表す「先」は，結果として過去や未来などの時間を表すことになる。しかし，それは順序関係を表すことに伴って起こる，いわば，付随現象なのである。つまり，結果として，中国語の"先 xian"が時間を表すことはあっても，その場合の"先 xian"が純粋な時間関係を表しているとは言えないのである。このことは，後ほどもう少し詳しく説明する。
　では，なぜ，このように順序用法では同じになる日本語と中国語の「先」が時間用法に関しては異なるのであろうか。本書では，時間を概念化する際の事態把握の様式が，日本語と中国語では異なることを

示したい。そして，この違いが「先」の用法の違いを生んでいることを提案する。

3.4.2.2　三つの時間メタファーの図式化

3.3.2節ではMoore（2006）の3つの時間メタファーを概観したが，ここでは，この3つのパターンを採用し，その上で，Langacker（2008）の枠組みを用いて，この時間認識のパターンの図式化を行う。そして，最後に，町田（2012）で提案されている事態把握の様式を用いて日本語と中国語の違いを検討していく。

①MEメタファー（主体移動型）とは，認知主体が時の流れと共に移動するものである。それに対し，時間が認知主体に向かって移動し，認知主体は移動しないのが②EMTメタファー（自己中心的時間移動型）である。最後に，時間の前後関係が客観的に決まっているような場合は，③SEQUENCEメタファー（順序型）と呼ばれている。この3つの時間認識のパターンをLangacker（2008）の枠組みを用いて図式化してみると，以下のようになる。

①MEメタファーは図3.25に対応する。この場合，Cは認知主体，tは時間軸を表すが，MEメタファーでは，認知主体Cが時間軸t上を移動するため，認知主体の移動を表す矢印の先端が「先」ということになる。つまり，「先」が未来を表すことになる。例えば，これは（83）に相当し，未来用法に概念化の基盤を提供する。

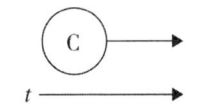

図3.25　MEメタファーによる「先」（cf. 図3.22）

<<< 第三章　前後軸の時間表現に見られる時間認識の仕方

（83）これから先のことを考える。

次に，②EMTメタファーは図3.26で示される。この場合，イタリックの大文字のTは時間を表している。時間Tが移動することになるため，移動体である時間Tの先端が時間軸t上では過去に位置づけられることになる。これは，(84)に対応しており，過去用法に概念化の基盤を提供する。

（84）先にお伝えしたように，試合は中止になった。

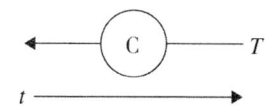

図3.26　EMTメタファーによる「先」（cf. 図3.23）

最後に，③SEQUENCEメタファーを図示すると図3.27のようになる。ここでの大文字Tはターゲット，Rは参照点，点線の矢印は，認知主体が参照点を経由してターゲットに到達していくメンタルパスを表している。「先」は，長い物体のイメージスキーマをベースとしているが，この図は，その一部である参照点Rを経由してイメージスキーマの先端に心的接近していることを表している。このことからわかるように，心的接近を表す点線矢印は，参照点RとターゲットTとの相対的な前後関係，つまり順序を表しているのである。例えば，(85)は，「兄が食べる」という出来事と「私が食べる」という出来事の順番を表している。そして，この図は中日両言語の「先」の順序用法に概念化の基盤を提供することになる。

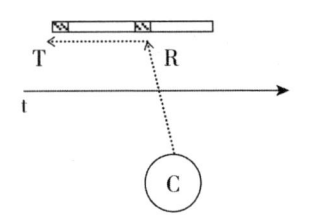

図3.27　SEQUENCEメタファーによる「先」

（85）兄より先に私が食べる。

　ただし，ここで注意しなければならないのは，順序用法(85)では，必ず，参照点Rからターゲット Tの方向が左の方向，つまり，未来から過去に向かうことになる点である。論理的には，図3.28のように右方向，つまり，過去から未来に向かって参照点構造をとることも可能なはずであるが，実際には，図3.28のようにはならない。それでは，なぜ，図3.28のように，右方向にならないのだろうか。

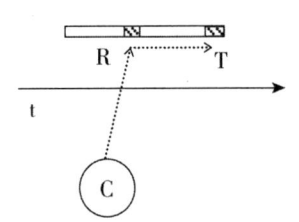

図3.28　（＊SEQUENCEメタファー）

　イメージスキーマを用いて図示すると「先」は物体の先端部を指すことになるが，このイメージスキーマが2つの出来事の順序関係を表す場合，図3.27に示すように，ターゲットTである「先」は必ず相対的に過去の位置づけを与えられることになる。その理由は，時間の流れに沿って一番「先」に生じる出来事は，それに後続する出来事よりも必ず相対的に過去になるからである。そのため，順序用法の

「先」は図3.27に示すように，必ず，相対的に未来に存在する参照点Rから相対的に過去に存在するターゲットTという左方向のメンタルパスになるのである。そして，このような理由から図3.28のような右方向のメンタルパスはありえないことになる。ただし，ここで留意しておかなければならないのは，順序用法で表されている出来事の関係はあくまでも相対的なものであるということである。図3.27で表しているのは，絶対的な時間関係（絶対時制）ではないということは心に留めておく必要がある。

以上のような時間認識のあり方は，より一般性の高い事態把握の様式と深い関係があると考えられる。そこで，3.3.1.節で紹介した町田（2009，2011）の提案に従い，ここでは事態外視点と事態内視点という2つのタイプの事態把握の様式に基づいて分析を進めることにする。再度，簡単に事態外視点と事態内視点の図式（図3.29）を挙げておく。

（事態外視点）　　　　　　　（事態内視点）

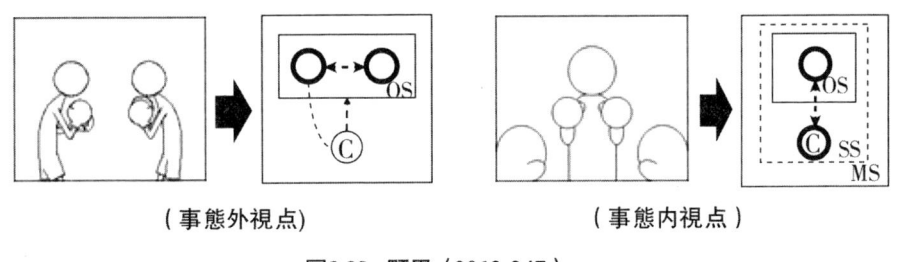

図3.29　町田（2012:247）

3.4.2.3　事態把握の様式と三つの時間メタファー

ここまでで導入した理論的枠組みのうち，ここでは，Mooreの3つの時間メタファー，Langackerの図式化，町田の2つの事態把握の様式を組み合わせて時間用法を図示することにする。図3.30を見てほしい。

111

図3.30は，上で取り上げた「先」の3つの時間認識の図式(図3.26，図3.27，図3.28)と事態把握様式の図式(図3.29)を組み合わせたものである。

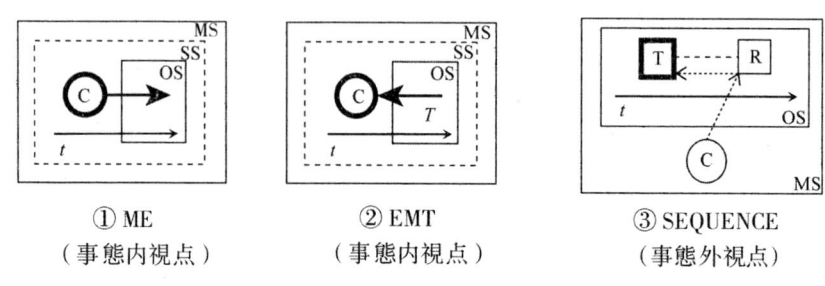

① ME
（事態内視点）　　　② EMT
（事態内視点）　　　③ SEQUENCE
（事態外視点）

図3.30 「先」の時間用法

この場合，事態内視点をとっている①と②には，③と違い，破線で囲まれたSSという領域がある。SSは認知主体の主観的な「見え」の世界を表している[①]。OSはオンステージ領域，MSは最大スコープを表す。注意したいのは，③SEQUENCEメタファーにおいて，参照点Rとターゲット T が四角のボックスで示されていることである。認知文法では，通常，モノは円(サークル)で描かれ，モノと事態の上位概念である実体(entity)は四角(ボックス)で図示される。ここで，RとTが四角で描かれているのは，RとTがモノに限らず事態(出来事)である場合があることを考慮したためである。

図3.30は事態内視点と事態外視点の観点から基本的に2つに分けられる。①のMEメタファー(主体移動型)と②のEMTメタファー(自己中心的時間移動型)はともに事態内視点，つまり，認知主体からの「見え」の世界を表しているが，③のSEQUENCEメタファーは事態外視点

[①] 町田(2012)の定義に従うとSS内がプロファイル可能領域となる。認知主体CがOSの外にあるにもかかわらず太線で表されている(=プロファイルを受けている)のはそのためである。

第三章　前後軸の時間表現に見られる時間認識の仕方

である。そして、①と②の差異は移動体の違いであり、①のMEメタファーでは認知主体Cが移動するが、②のEMTメタファーでは時間Tが移動している。以下に、図3.30の事態内視点をとっている図式を再録する。

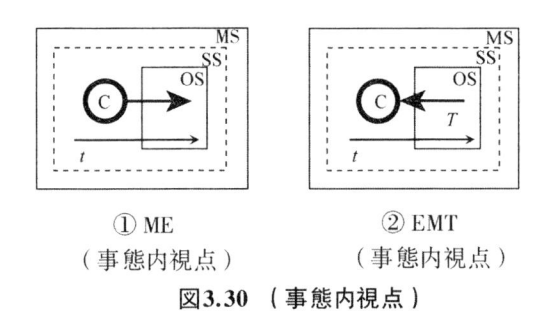

① ME
（事態内視点）

② EMT
（事態内視点）

図3.30　（事態内視点）

例えば、(86a)のようなMEメタファー①の場合は、認知主体が時間軸と同じ方向に移動するため、矢印の先端は未来を表すことになる。また逆に、(86b)のようなEMTメタファー②の場合は、時間Tが時間軸と反対方向に移動してくる。そのため、この矢印の先端部分は認知主体Cを突き抜けて過去へと進んでいくことになる。

(86) a. 100年先の子供たちのための家づくりを推進する。
　　　 b. 先の世界大戦。(=(81a))

ただし、このような違いにかかわらず、認知主体が時間の中に自らを置いている点では両者は共通している。そして、認知主体が事態の中に身を置いているということは、①と②は事態内視点をとっているということになる。

　一方、③のSEQUENCEメタファーでは、参照点RとターゲットTの生起順序を事態の外から把握する事態認識の様式、つまり、事態外視

113

点になっている。そのため，以下（図3.30の事態外視点を再録）に示されるように，認知主体Cは，OSの外にありプロファイルを受けていないが，参照点Rとターゲット T は，共に OS 内にあり焦点化されている。ターゲットTを表す四角がプロファイルを表す太線になっているのは，「先」という表現が直接指しているのは，ターゲットのみだからである。(87)はこの認知パターンを描写している。

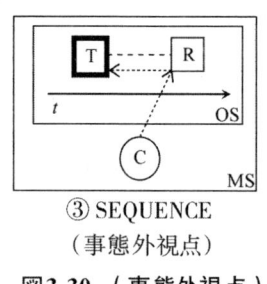

③ SEQUENCE
（事態外視点）

図3.30 （事態外視点）

(87) 友人より先に結婚したい。

　ここで注意しなければならないのは，「客観的な時間関係」と「相対的な時間関係」はまったく異なるということである。図3.30の③に示されるように，順序を表すSEQUENCEの用法③は，相対的な時間関係を表しており，客観的な時間，つまり未来や過去とは直接関係がない。例えば，(88)はともに順序用法の事例であるが，(88a)は過去の事態を表し，(88b)は未来の事態を表しているという違いがある。しかしながら，このような差異は図3.31に図示するような，参照点関係がグラウンドGに対して右にあるのか左にあるのかという差

<<<　第三章　前後軸の時間表現に見られる時間認識の仕方

異にすぎない①。

　（88）a. 太郎は先に行った。(太郎先去了。Tailang-xian-qu-le)
　　　　b. 先に行って！(你先去！ni-xian-qu)

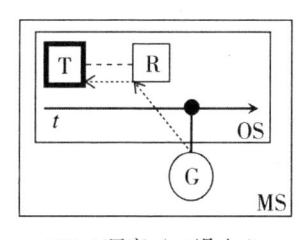

(88a)順序（≠過去）　　　　　(88b)順序（≠未来）

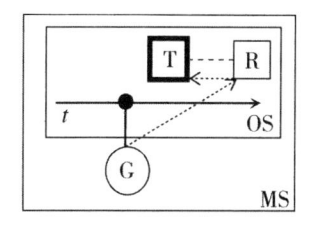

図3.31

（88a）は図3.31の左側の図で示される。この場合，「太郎の出発」が参照点であり，それがターゲットである「私の出発」よりも早かったということを表している。同様に，（88b）は図3.31の右側の図で示される。この場合も，（88a）と同じように，参照点である「私の出発」よりも早い順番で「あなたの出発」が起こるということを表している。両者の差異は，Gのある「現在時」に対して，過去にターゲットとなる事態が発生したのか，未来に発生するのかの違いに過ぎない。つまり，参照点Rとターゲット Tの生起順序は固定しており変わらないのである。このように，（88a）と（88b）の文は一見すると過去や未来といった絶対的な時間を表しているように思われるが，実際は，相対的な順序関係を表しているのである。したがって，過去や未

---

① （87）の主語は言語化されていない認知主体C（「私」）であるのに対して，（88）では「私」以外の解釈の可能性があるため，ここでは複合体のグラウンドGで表記している。

来といった絶対的な時間は，この順序関係に付随して起こる解釈にすぎないということになる。

　それでは，このような時間認識のあり方は他の時間表現にも適用できるのであろうか。ここで，この理論の一般性について少し検討したい。例えば，「先」と類似性を持つ「前」の場合はどうであろうか。実際，「前」にも「先」と同様，過去，未来，順序の用法がある。(89a) と (89a') の「前」"前 qian"は過去の概念を表し，EMTメタファーに分類されることになる①。一方，(89b) と (89b') は未来を意味し，主体が前にある未来に向かっていくMEメタファーである。そして，(89c) と (89c') は「より早く／より前(Earlier)」という順序概念を表しているためSEQUENCEメタファーである。

　　(89) a. 前に会ったことがあります。
　　　　　a'. 之前我见过他。(彼に前に会ったことがあります。)
　　　　　b. 成長が実感できれば，それを自信として前に進むことができる。(小野寺 2018：25)
　　　　　b'. 我们要团结起来向前看。(We should be united and look forward)(Yu 2012：1347)
　　　　　c. 発表前に何を話すかを決めたり，練習したりする時間をとるとよい。(＝49b)
　　　　　c'. 化妆水应该在乳液之前涂。(乳液の前に化粧水を塗る。)

(89a)(89a') と (89b)(89b') は共に事態内視点であるが，両者の

---

① ここで挙げたのは同型同義の「前」の用法の一部に過ぎないが，もちろん，同じ形で異なる意味の表現もある。

差異は背後にあるメタファーが前者はEMTメタファーで後者はMEメタファーであるという点にある。それぞれ，前述した図3.30の②①のように図式化される。一方，(89c)(89c')の「より早く・より前」の場合は，認知主体が時間軸の外側に置くため事態外視点であり，図式化すると図3.32のようになる。

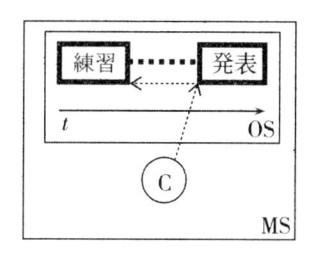

図3.32（事態外視点・順序用法）

この図3.32では，話す内容を決めたり練習したりという行為と発表する行為はプロファイルされ言語化されているために太線で示されているが，認知主体Cは時間軸上にはなく，傍観者として事態の外側にいるためプロファイルされず言語化されていない。

3.4.2.4　事態把握の傾向の差異

　3.4.2.3節の考察から事態把握の様式が3つの時間メタファーに深く関わっていることがわかった。しかしながら，3.4.2.1節で述べたように中国語の時間を表す「先」には順序用法しかないことがわかっている。そして，このことは，日本語と中国語では，時間を認識する際に用いる事態把握様式の傾向が異なっている可能性があることを示唆している。少なくとも，「先」の用法に関しては，順序用法だけでなく未来用法も過去用法もある日本語では，事態外視点だけでなく事態内視点も慣習化されていることになるが，順序用法しかない中国語では，事態外視点しか慣習化されていないことになる。つまり，言

語間で事態把握の様式における傾向の違いが見られるのである。

　実際，この事態把握の様式の傾向の差異は，異なる言語間の傾向として一般化しようとする試みもある。例えば，王安（2013）では，感情形容詞の主語に関する制約が考察されているが，ここにも事態把握様式の傾向の違いが見られる。

　（90）a. 嬉しい！／ *私は嬉しい
　　　　b. *高兴！／我很高兴 wo-hen-gaoxing（王安 2013：190）

　日本語の場合，通常，（90a）に示されるように，主語である「私」は言語化されず，「嬉しい」だけが言語化される[①]。これは，主体からの主観的な「見え」だけを描いた事態内視点をとっているからだと考えられ，図3.33の左図のように図示される。ここでは，主語である「私」はOSの外にあるため言語化されていない。それに対して，中国語の場合は，通常，（90b）に示されるように，"我"と"高兴"はともに言語化されなければならない。つまり，"我"はOSの内でプロファイルされるために言語化されなければならないのである。この場合，OSの外から事態を把握する認知主体Cが視点者となり，事態の外から客体化された"我"が関与する事態を観察するという事態外視点を取っていることになる。

[①] 「私は嬉しい」という表現はまったく不可能というわけではない。ただしその場合は，対比の意味合いなどが生じ，「（他の人はともかく）私は嬉しい」という特殊なニュアンスを伴うことになる。

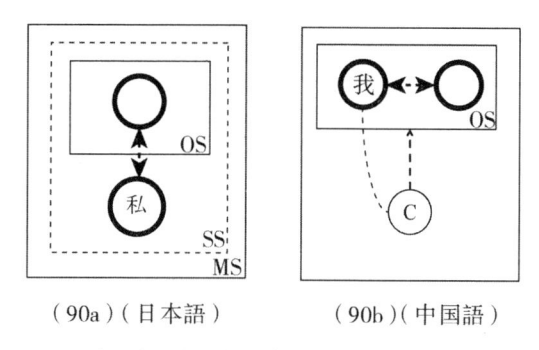

<<< 第三章　前後軸の時間表現に見られる時間認識の仕方

（90a）（日本語）　　（90b）（中国語）

図3.33　（90）の中日両言語の事態把握様式の比較

　このように，王安（2013）の分析に従うと，感情形容詞文における主語の言語化にも中日両言語には事態把握の様式に差異がありそうである。そして，このような観察も踏まえると，日本語と中国語の「先」の用法に関する差異は，両言語における事態把握様式の傾向の違いが反映されたものである可能性が見えてくる。つまり，「先」に関しては，日本語では事態外視点と事態内視点をとるため順序用法と時間用法が可能であり，中国語では，通常，事態内視点をとらないため，未来や過去のような時間用法が存在しないと考えられるのである。もちろん，これはあくまでも傾向にすぎず安易に断言することはできないが，事態内視点の有無が時間用法の有無を決めている可能性も否定できない。一方，事態外視点に関して言えば，日本語と中国語の両方にあるので，両言語に順序用法があることになる。

　ここで注意しなければならないのは，ここでは中国語には事態内視点がないとまでは主張していないことである。例えば，"前"には日本語の「前」と同様に未来や過去のような時間用法があり，それも事態内視点を取って説明できる。しかし，"先"の順序用法，感情形容詞の主語の(非)言語化などの現象に関しては，中国語は，日本語と比べて，事態外視点をとる傾向があることは確かである。そして，

119

この他にも，日本語において一人称の主語が言語化されない「思う」のような場合でも，中国語では，一人称の主語が必須であるなど同様の傾向の差異が両言語の様々な現象に見られる。(91)を見てほしい①。

  (91) a. 彼の論点は正しいと思う。
    b. *认为他的观点很正确。
    c. 我认为他的观点很正确。

(91b) が容認されないのは，主語がないからであるが，中国語の場合，(91c) に示すように，必ず主語(我)を言語化しなければならない。このように，日本語と比較すると中国語は認知主体を表現する事態外視点を取る傾向があるといえ，それが「先」の用法に反映されていてもおかしくはないのである。

3.4.2.5　事態外視点と順序用法

 前節のように事態把握様式を用いた説明を採用すると，問題提起で取り上げた「先」の順序用法間に見られる容認性の差異も説明できるようになる。(92)の対比を見てほしい。(92a)と(92b)における「先」は順序用法であるため，一見すると，ともに③SEQUENCEメタファー(順序型)であり，ともに事態外視点であるように思われるかもしれない。仮にそうだとすると，事態把握の様式の観点からこの両者の容認性の差異を説明することはできない。

---

 ① (91a) は「私は彼の論点が正しいと思う」のように表現することも可能であるが，その場合は，「（他でもない）私は」のように対比や強調のニュアンスが感じられる。

<<< 第三章　前後軸の時間表現に見られる時間認識の仕方

（92）a. 彼が来るより先に，彼女がやってきた。
　　　b. *台風が来るより先に，食料を買いだめしておこう。(＝(76))

　これに対し，(92)の容認性の差異は事態把握の様式の差異に起因していると考えることはできないだろうか。つまり，(92a)と(92b)は異なる用法であると考えるのである。実際，(92a)は図3.30の③に示されるような事態外視点の順序用法であり，(92b)は図3.30の①に示されるような事態内視点の未来用法であると考えることは可能である。

　事態外視点をとっている(92a)においては，「彼が来ること」が参照点Rであり，「彼女が来たこと」がターゲットTとなっている。したがって，下の図3.34に示されるように，この2つの出来事はOS内でプロファイルを受け言語化されている。そして，この場合の認知主体Cは事態の傍観者としてOSの外にありプロファイルを受けていない。

　これに対して，(92b)の事態把握は大きく異なっている。「食料を買いだめする」の主語は言語化されていない認知主体C，つまり，「私」である。そして，このような表現されない「私」の存在は(92b)が事態内視点をとっていることを強く示唆している。

　そこで，仮に(92b)が事態内視点をとっていると仮定したとする。すると(92b)は図3.35のように図示されることになる。そして，下の図3.35の未来用法が表しているのは，「先」は常に認知主体Cを基準としてその前方ということである。ところが実際は，(92b)が表しているのは，認知主体Cを基準とした「先」ではなく，「台風」を基準とした「先」なのである。(92b)が容認されないのは，

このように「先」を決定する基準点が2つ存在してしまうことになるからである。

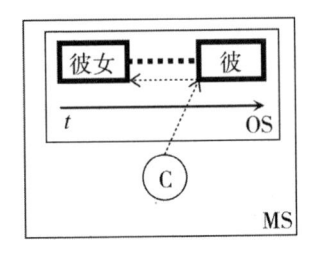

図3.34 （事態外視点・順序用法） 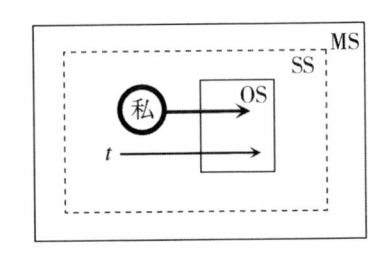　　図3.35 （事態内視点・未来用法）

そこで，本書では，(92a) の場合のような，事態外視点に起因する順序用法の「先」を「外的先」と名付けることにする。一方，例えば，「先のことなど誰にも分からない」，「先にお伝えしたように，試合は中止になった」などの時間用法は，それぞれ未来用法と過去用法という違いはあるが，どちらも認知主体の視点は事態の内側に存在している。そして，このような事態内視点に起因する時間用法を「内的先」と呼ぶことにする。そして，同じように「内的先」であっても，過去用法と未来用法が存在するのは，図3.36で示されるように，移動するもの(移動体) が異なるからである。

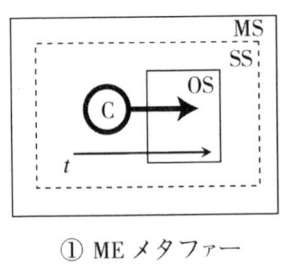

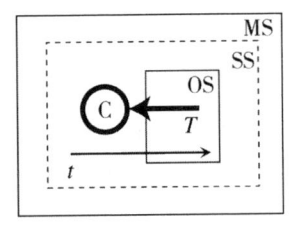

① ME メタファー　　　　② EMT メタファー
（事態内視点）　　　　　（事態内視点）

図3.36　（図3.30 の ① と ② を再録）

以上の説明から，「先」の時間用法（過去用法と未来用法）つまり「内的先」と順序用法つまり「外的先」の違いは，事態把握様式の違いが反映されたものであると結論づけられる。

　さらに，この事態把握様式の理論を採用すると，「Xから先」と「Xより先」の違いも説明できることになる。(93)を見てみよう。通常，「正月より先の予定」と言っても「正月から先の予定」と言っても意味の違いはほとんどなく「より」と「から」は交換可能である。ところが，(93)の場合，「から」は明らかに容認されない。

　(93) a. 大晦日より先に，天皇誕生日がある。
　　　　b. *大晦日から先に，天皇誕生日がある。(= (77))

　「より」という格助詞は元来二者間の比較の意味を表している。そのため，(93a)の「より先」の場合では，「大晦日」と「天皇誕生日」の二者を比較し，これに基づいて「先」の意味を決定することになる。このように考えた場合，二者を比較することさえ可能であれば，事態把握の様式にかかわらず，用いられることができる。実際，「正月より先の予定」と言った場合には，未来を表すことになり事態内視点をとっていることになるが，(93a)の場合は，「大晦日」と「天皇誕生日」の日付をカレンダー上でスキャニングするような比較を行っているので，認知主体Cが事態の外側にある事態外視点をとっていることになる。したがって，(93a)の「先」は図3.37に示すように順序用法となり相対的に過去の事物を表すことになる。

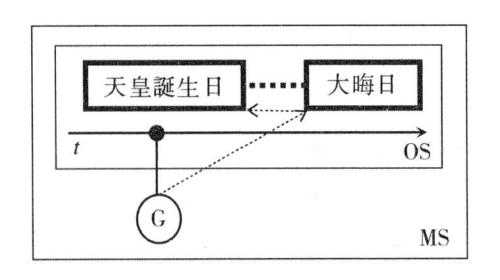

図3.37 （より先 ― 順序用法）

　一方，「から」という格助詞の意味は起点である。そのため，通常，起点-経路-着点という経路のイメージスキーマで理解されることになる。このイメージスキーマは経路上を移動体が移動することを前提としているため，図3.38に示すような認知主体Cが未来へ向かって移動する未来用法しかない。しかし，これは現実世界の事実と反するだけでなく，認知主体Cが移動しながらカレンダー上の日付の位置関係を把握するという不自然な事態把握の様式になってしまう。(93b) が容認されないのはこのためである。

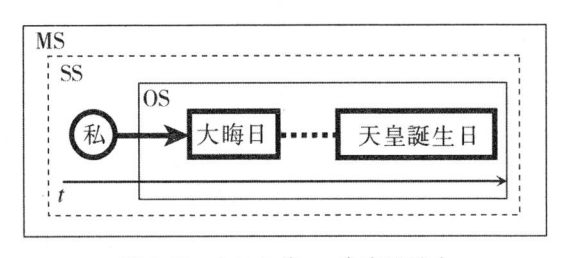

図3.38 （から先 ― 未来用法）

　(94) もまったく同様に説明できる。二者間の比較を行う「より」は事態把握の様式を問わないが，経路のイメージスキーマを前提とする「から」は必ず移動体を必要とし，そのため，認知主体が自ら移動する未来用法になる。(94b) が容認されないのは，時間関係が逆になっているからである。

<<< 第三章　前後軸の時間表現に見られる時間認識の仕方

(94) a. 警察への連絡より先に，けが人を助けなさい。
　　 b. ＊警察への連絡から先に，けが人を助けなさい。（篠原 2008：199）

　以上の考察から，「から先」と「より先」は構造が似ているが，事態把握様式が異なり，これが容認性の差異を生み出す原因となっていることがわかった。そして，「～から先」の場合，必ず事態内視点をとることになるため，必ず未来用法になるのである。一方，「より先」の場合，「より」の基本的な意味は二者間の「比較」であるため，2つの事柄が比較されてさえいればよい。そのため，視点が事態の外側にあれば順序用法となり，相対的な過去を表すことになるが，視点が事態の内側にあれば「正月より先の予定」のように未来用法になることもできる。
　以上，本章では，事態把握の様式を援用することによって，「先」の時間用法，順序用法の由来を説明できるだけでなく，日本語と中国語の「先」の時間表現の相違も説明できることを主張した。

3.5　まとめ

　人間がどのように時間を認識するかに関しては，前後軸の場合は，基本的には何らかのメタファー的な「移動」がイメージされるような認知のあり方が存在する。しかしながら，本章で考察したように，移動を想定した単純な時間メタファーの考え方だけではすべての前後軸に関する時間表現を説明しきれない。前後軸の時間を認識する際には，単一の認知メカニズムだけではなく，複数の複雑な認知メカニズ

ムが相互に作用し合うことを考慮に入れなければならない。本章の考察を通して，主体性が関係する事態把握様式が時間認識のプロセスの中で重要な役割を果たしていることが分かった。「先」の事例で考察したように，事態把握の様式によって同じ時間表現内においても想起されるイメージが異なってくる。これは，事態把握の様式の違いが様々な波及効果をもたらすからである。

第四章

左右軸の時間表現に見られる時間認識の仕方

4　はじめに

　本章が取り扱う左右軸は，第1章の問題提起で述べたように，前後軸，上下軸とは異なり，空間的な対称性を持っている。そのため，左右軸は時間へのメタファー的写像は起こらないことが予測される。なぜなら，メタファー写像は類似性に基づいて起こるため，非対称性を持つ時間との類似性が見えない左右軸をメタファー写像するのは困難であるからである。要するに，時間の場合，現在を挟んで過去と未来があるが，過去と未来の性質は明らかに異なっている，つまり，非対称性を持っていると言える。それに対し，空間上の右と左は，本来，対称性を持っている。そのため，非対称的な時間軸と対称的な左右軸の間に類似性が見つけづらいのである。実際，多くの言語においては，空間の左右軸を用いた時間表現は存在しないと言われている（Radden 2011；Sweetser and Gaby 2017など）。ただし，興味深いことに，概念のレベルでは左右軸を用いた時間認識は存在する。例えば，日本語の「右」「左」という語自体には，過去や未来を表すような時

間用法は存在しないが，それでも，日本語話者はなんとなく時間は左から右に流れているような感覚を持っていることが知られている。

　興味深いことに，限定的ではあるが，中国語には，左右軸で時間を表す表現がある。中国語においては，「左」で過去を，「右」で未来を表す表現があるのである。これはRadden（2011）やSweetser and Gaby（2017）の主張に対する明らかな反例である。本章では，まず，対称性を持つ左右でなぜ非対称性を持つ時間を表すことができるのかという問題について概念レベルで検討し，その上で，この概念レベルから言語レベルまでの認知プロセスについて考察する。最終的には，われわれ人間の時間認識には，通常のメタファーのみならず，書字体系などの様々な文化的な要因が深く関わっていることを論じたい。

4.1　問題提起

　Lakoff and Johnson（1980）の主張に従うと，人間は，抽象的なものや直接知覚できないものを理解する際，具体的なものや直接知覚できるものをメタファー写像することによって理解する。そのため，抽象的で直接知覚することが難しい時間は，具体的で直接知覚できる空間領域を通して理解することになる（Lakoff and Johnson 1980, 1999；Fleischman 1982；Radden 1997；Engberg-Pedersen 1999；Sweetser 1990；Núñez and Sweetser 2006；Moore 2000, 2001, 2004, 2006；Shinohara 1997；篠原 2007, 2008；岩崎 2010；寺崎 2016など）。

　そして，空間概念を時間概念に写像する際，3つの軸（前後軸・左右軸・上下軸）が用いられることも多くの実験で確かめられている

<<<　第四章　左右軸の時間表現に見られる時間認識の仕方

(Fuhrman and Boroditsky 2007; Fuhrman et al. 2011など)①。その一方で，前後軸・上下軸と左右軸の間には興味深い差異があることも指摘されている。前後と上下を表す言語表現をメタファー的に用いて時間概念を表す言語は多いが，左右を表す言語表現を用いた時間表現は存在しないというのである(Radden 2011)②。しかしながら，興味深いことに，中国語には(95a)に示すように，「左」「右」を用いた時間表現がある。そして，この時間表現には「左」が「過去」を，「右」が「未来」を表すという非対称的な特徴があり，この関係を逆にすることは(95b)に示すように容認されない表現となる。

(95) a. 左手是过往，右手是未来，中间是现在……（《人民日报》2015)③

（左手は過ぎ去った過去，右手は未来，真ん中は現在で…）

b. *左手是未来，右手是过去。(*左手は未来で，右手は過去である…)

たしかに，Radden (2011)が主張しているように，多くの言語は時

---

① 様々な言語の話者が時間認識の際に左右軸を用いていること自体は実験で確かめられている(佐藤2014; Fuhrman and Boroditsky 2007; Santiago et al. 2007; Ouellet et al. 2009など)。これについてまた4.2節で取り上げる。
② Radden (2011) は左右軸の認識が時間表現に反映されないと述べているが，本研究における「時間表現」の定義はRadden (2011)よりも広く，通常の語彙レベル("前天"(一昨日)など)だけでなく，文レベルも同様に時間表現とみなしている。
③ http://theory.people.com.cn/n1/2015/1223/c49154-27964594.html。

129

間を認識する際に左右軸を使った表現を使用しない①。この事実は，メタファー論を用いて次のように説明できる。時間は一方向的な性質つまり非対称的な性質を持っているため，非対称的な空間概念である「前後」や「上下」と整合性を持つ。そのため，「前後」「上下」は時間領域にメタファー写像することが可能である。一方，対称的な空間概念である「左右」は時間とは整合性を持たない。そのため，「左右」は時間領域にメタファー写像できない。つまり，「左右」の場合，どちらが過去に写像されるか，どちらが未来に写像されるかが不確定であるため，左右軸は時間領域には用いられないのである。

それでは，なぜ，中国語には（95a）のような新たな時間表現が存在しているであろうか②。そして，なぜ，（95a）のような例では，本来，対称的な性質をもつ左右軸の「左」のみが過去を，「右」のみが未来を表すのであろうか。言い換えると，対称性を持つ左右軸がどのようなメカニズムで非対称的な性質を持つようになり，時間領域に写像されるようになったのであろうか。

また，第1章の問題提起のところで挙げたように，左右軸は前後軸，上下軸とは異なり，以下のような不思議な現象がある。例えば，中国語には，（96）のような前後軸を用いた時間表現だけでなく，(97a) に示すように，左右軸を用いた時間表現もある。ところが，

---

① 実は，Radden（2011）は，中国語には，Traugott（1975：219）が指摘しているように，"~点左右"（~時頃）という表現があると述べている。実際，Radden（2011）においても中国語に"9点左右"「9時頃」のような左右軸に関する時間表現があることは指摘されている。ただし，Radden（2011）はこの「左右」は「~くらい」という意味を表す単語（分離できない一語）であるとして考察の対象から除外している。

② 「左右」を用いた時間表現が新たな表現であるというのは，「前後」「上下」に比べて，普及時期が遅いからである。

<<<　第四章　左右軸の時間表現に見られる時間認識の仕方

興味深いことに，左右軸の場合は，前後軸と同様に「頃」を表す（97a）のような表現が可能であるのに対し，（97b）に示すように"左+时间单位""右+时间单位"という時間表現はできない。これは，前後軸が（96b）"前+时间单位""后+时间单位"のように過去と未来の時間概念を表すことができるのとは対照的である。

(96) a. 4点前后　　　　　（4時前後＝4時頃）
　　　b. 前天／后天　　　（一昨日／明後日）　　　（cf.（6））
(97) a. 4点左右　　　　　（4時頃）
　　　b. *左天／右天　　　　　　　　　　　　　　（cf.（7））

このように，前後軸を用いた時間表現と左右軸を用いた時間表現には明確な差異が存在している。この差異を生み出す要因は何だろうか。そして，左手は過去を，右手は未来を表すことを可能にしている背後の認知プロセスは何だろうか。さらに，そもそも，対称性を持つ左右がなぜ時間を表せるのだろうか。これらの問いに対して，本書では，中国語の書字慣習などの文化要素によって左右の対称性が解消され，左右に非対称性が感じられるようになったため，同じく非対称性を示す時間領域にメタファー写像されることが可能になったという可能性を検討したい。

　本章の構成は以下の通りである。4.2節では"～前后"，"～左右"，"～上下"，"左～"，"右～"などの表現に関する先行研究を紹介する。4.3節では，書字体系が時間認識に影響を与える現象に関して，客体化などの観点から理論的枠組みを整える。4.4節では，書字体系が概念レベルでの左右軸の時間認識に影響を与え，概念レベルでの左右軸の時間認識が言語レベルでの左右軸の時間表現へ移行する認知プロセ

スを提案する。最後に，4.5節はまとめ及び今後の課題である。

4.2 「左右」に関する様々な先行研究

　Radden（2011）の指摘では"9点左右"のような時間表現以外，通常，左右軸の認識は時間表現には現れないため，概念レベルでの前後軸の時間認識に関する先行研究は膨大な数あるにもかかわらず，言語レベルでの左右軸の時間表現に関する先行研究はほとんどない。本節では，その少ない先行研究の中から"~前后"，"~左右"，"~上下"，"左~右~"という表現に関する先行研究を紹介する（张2004；张2009；宋2009；王2004；周2007など）。

4.2.1 "~前后，~左右，~上下"に関する先行研究

　概念レベルでの「左右」の時間認識に関する研究は数多く存在するが，表現レベルでの「左右」に関する先行研究はほとんどない。もちろん，「~頃」というおよその時点を表すことができる"~前后"，"~左右"，"~上下"などの構文に関する研究（张2004；张2009；宋2009など）もないわけではないが，それらは「およそ~」という一般的な数量の問題の一部として「~頃」が扱われているだけで，時間認識のあり方まで踏み込んだ議論をしているものはない。

　例えば，张（2004）は，留学生による"X前后"，"X左右"，"X上下"の誤用を整理して，"X前后"，"X左右"，"X上下"のそれぞれの特徴をまとめ，それぞれの構文の特徴づけには，Xに入る単位の性質が関係しているとしている。例えば，Xが数量詞の場合は，後ろは"左

<<< 第四章　左右軸の時間表現に見られる時間認識の仕方

右"，"上下"と繋がり，Xが時点などの場合は，"前后"，"左右"と繋がるというように，Xの性質が後続する"前后"，"左右"，"上下"という表現に連動していることが指摘されている。さらに，张（2004）は，"X前后"，"X左右"，"X上下"の特徴は共起する動詞と関係があるとしている。例えば，"X前后"はよく完了を表す動詞と結びつくなどといった主張である。

　具体的には，次の例を見てほしい。"X前后"，"X左右"，"X上下"のXに出現する表現に注目すると，以下のような特徴があることがわかる。（98）の"X前后"のXに当たる部分は時点（時間数量詞）または出来事であり，（99）の"X左右"のXに当たる部分は数量，年齢，時点などであり，（100）の"X上下"のXに当たるのは数量，年齢などである。

（98）a. 2000年前后，这里发生了巨大变化。（2000年頃，ここは巨大な変化を起こした。）　　　　　　　　　　　【時点】
　　　 b. 游泳前后都不能吃得过饱。（水泳前後にたくさん食べてはいけない。）（张2004：31）　　　　　　　　　　【出来事】
（99）a. 我现在只有100日元左右。（私には現在100円しかない。）
　　　　　　　　　　　　　　　　　　　　　　　　　　　【数量】
　　　 b. 他们大都20岁左右。（彼たちは大体20歳だ。）（张2004：32）　　　　　　　　　　　　　　　　　　　　　【年齢】
　　　 c. 早上6点左右起床。（朝6時頃起きる。）　　　　【時点】
（100）a. 这本书有100页上下。（この本は100ページぐらいある。）
　　　　　　　　　　　　　　　　　　　　　　　　　　　【数量】
　　　 b. 他大约20岁上下。（彼は20歳ぐらいに見える。）【年齢】

133

また，张（2004）によると，"X前后"，"X左右"，"X上下"と共起する典型的な動詞もある程度限定されている。"X前后"の場合では，共起する動詞は完了・完成を表す動作動詞（例えば"写"（書く）"发生"（発生）のような動作動詞）であることが多く，"X左右"では，共起する動詞は連結詞（copula）"是"，あるいは完了・完成を表す動作動詞である。"X上下"の場合は共起する動詞は連結詞"是"である[①]。ただし，残念なことに，张（2004）の主張は妥当とは言えない文法性判断に基づいている場合が見受けられる。例えば，"我打算六月左右回国。"という例文は「言えない」または「不自然である」と判断されているが，実際には，この例文はごく自然で全く問題ないと言わざるを得ない[②]。

また，张（2004）の主張を発展させた张（2009）は，"前后""左右"は「時点」に使われることが多く，"上下""左右"は「時間帯」に多く使われると指摘している。例えば，"前后""左右"はある特定の時点の周囲の時間を表し，"9点左右"，"1980年前后"などと言う場合には，「9時頃」「1980年頃」という意味になる。一方，"上下""左右"はある時間帯より長めまたは遅めの時間帯を表すと述べられているが，なぜそのような違いが生じるのかについては詳しく説明されていない。

宋（2009）は，これまでの記述的な立場からの研究とは異なり，対称複合詞"～前后"，"～左右"，"～上下"は，なぜ「大体，くらい」と

[①] 张（2004）の原文では，それぞれ"完结义动作动词（動作・行為などの完了・完成を表す）""关系动词'是'（日本語の"です"に相当する動詞）"となっている。ここでは，"完结义动作动词"を「完了・完成を表す動作動詞」，"关系动词"を連結詞（copula）と訳している。

[②] この例文の容認性について，30人を対象にして調査を行った結果，全員が自然な文であると判断した。また，宋（2009）もこの文は自然な文であると指摘している。

<<<　第四章　左右軸の時間表現に見られる時間認識の仕方

いう意味を表すのかという問いを立て，そのメカニズムに関して考察している①。宋(2009)によると，これらの対称複合詞の成員は空間概念から由来しており，もともとは空間上で単方向に無限に伸びる方向詞(上/下/左/右/前/后)であるが，参照点となる参照物の作用によって無限に伸びるという属性が限定される。例えば，参照点がまるで磁石のように働き，これらの方向詞は参照点の周りから離れたところを周っている(ただし，参照点と完全に一致することができない)というイメージである。そして，宋(2009)は，これがこれらの対称複合詞が「くらい」を表すようになる理由だと考えている。その上で，それぞれの分布の違いは，参照点に向かっていく力の程度(向心力)と参照点から離れていく力の程度(遠心力)の違いと関係があると述べている。しかしながら，宋(2009)には，「関係がある」と述べられているだけで，具体的にどのような関係があるのかは述べられていない。例えば，参照点から離れる力(遠心力)の差異によって"~点前后"と"~点左右"の違いがどのようにできるかが説明されていないのである。さらに，宋(2009：41)は"2点左右"と"2点前后"の違いについて，前後は左右より時間範囲がもっと広く，"2点左右"は1時45から2時15分くらいまでの範囲を指し，"2点前后"は1時や3時も指すことができると述べているが，この"2点前后"の判断は正しいとは思えない。いずれにせよ，上記の先行研究で欠けている最も重要な点は，"~左右"など表現の「~」に当たる表現と後ろの共起している表現の傾向について記述したにすぎず，なぜ左右軸が時間を表せるのかについては論じていないところである。

---

①　宋(2009)は，"~前后"，"~左右"，"~上下"を対称複合詞と呼んでいる。

4.2.2　"左~""右~" に関する先行研究

（101）の例文から抽出される句型を"左~""右~"とした場合，本節では，"左~""右~"という表現の特徴，成因などを分析している先行研究（王 2004；周 2007）を取りあげ，これらの先行研究の主張を援用することにより（101）のような例文の由来を説明できるかどうかについて検討する[①]。

> （101）左手是过往，右手是未来，中间是现在……（=（95a））
> 　　　（左手は過ぎ去った過去，右手は未来，真ん中は現在で…）

王（2004）は，中国語文化において左と右はどちらが尊い（卑しい）かについて議論している。一般に，中国の文化では，右のほうが左より身分や社会位置など高い，つまり，右のほうが尊いと言われている[②]。左と比較して，右のほうが積極性や正確さなどを意味するのは，右の尊さの拡張である。ところが，そのように考えると，語の並び順序は"右左"のようになりそうなものだが，実際の複合詞表現ではその逆の"左右"の順序になっている[③]。このように並び順序に注

[①] 本節を執筆するにあたって，第 155 回日本言語学会で口頭発表の際，"左顧右盼（あたりの様子をうかがってきょろきょろする）"のような"左~右~"を扱っている先行研究も取り上げるべきだという意見をいただいた。

[②] 中国の歴史を振り返ってみると，左のほうが尊いという思想もあるが，それは後世になってから出現したもので，伝統的なものではなく，ある種の逸脱現象であるとしている。

[③] 周（2007）は複合詞の語の並び順序に関して，前にある語彙要素は後ろにある語彙要素よりも重要で優れていることを示しており，そのため，本来ならば，並び順序は"右左"であるべきであると述べている。

目した場合，左の方が尊いという文化も背後にあるのかもしれないと王（2004）は言うのである。その上で，王（2004）は，これに関しても，あくまでも右の方が尊いという中国の文化から少しだけ逸脱しているに過ぎないと結論づけている。

　このような王（2004）の研究を踏まえたうえで，周（2007）は"左右为难（あちらを立てればこちらが立たず/板挟みになる）"，"左思右想（あれこれと思いめぐらす）"，"左顾右盼（あたりの様子をうかがってきょろきょろする）"などに見られる"左右""左～右～"の並び順序が生まれた原因について考察している。確かに，（101）の例文でも左が先で右が後になっており，逆の順序，つまり，右手は未来であり，左手は過去であるというような並び順序はない。必ず，左の方を先に言うのある。これは，通常，人間の左手は右手と比べて力が弱く相対的に不利な位置にあることに起因する。話者が何かをする際には，不利な左手を先に助けることになり，その意味では，左手は強い右手よりも重要だというのである。左が右よりも順序的に前に来るのはそのためである。そして，"左右"だけでなく"左～右～"においても，左が先に来るのはこのような理由によるというのである（周2007：147）。

　本章では，なぜ左右が時間を表せるのか，なぜ左が過去のみ，右が未来のみを表せるのかについて考察しているが，残念ながら，上記の先行研究ではこの2つの問題については何も答えていない。それは，過去と未来という時間概念は尊さ（卑しさ）や重要さとは無関係だからである。また，"～点左右"と関係がある"～前后"，"～左右"，"～上下"に関する先行研究（张2004；张2009；宋2009など）は，ただ単に，時間の長さ（範囲）について考察しているにすぎず，本書の課題としている，なぜ左手が過去を表し，右手が未来を表すのかと

137

いう問題については検討されていない。そこで，本章の残りの節では，概念レベルの時間認識で何が行われているのかを考察することを通して，この新たな時間表現の認知的動機づけについて検討する。

4.3　時間に関する左右の認識

前節などで説明したように，中国語には少なからず左右軸を用いた時間表現が存在するが，それらを時間認識という観点から考察したものは少ない。具体的には，4.4節で詳しく考察を行うが，その前に，4.3節ではこれらの時間表現を分析するために左右が関わる時間認識について紹介しておこう。一つ目は，左右軸を用いた時間認識が存在することが実験で確かめられた先行研究であり(Fuhrman and Borodisky 2007；Santiago et al. 2007；Fuhrman et al. 2011；Ouellet et al. 2009；佐藤2014など)，二つ目は，書字体系の左右の時間認識に対する影響についての実験系の先行研究である(Cienki 1998；Radden 2011；Casasanto and Jasmin 2012など)[①]。

4.3.1　左右の時間認識に関する実験

通言語的には，概念レベルでは左右方向の時間認識が存在することは既にいくつかの実験で確かめられている(Fuhrman and Borodisky 2007；Santiago et al. 2007；Fuhrman et al. 2011；Ouellet et al. 2009；佐藤

[①] 一般に書字体系という場合，一つ一つの文字をどの方向に並べていくかが問題とされるが，本研究では，文字の並べ方だけでなく文字を書く際の書き順および線の引き方も含むことにする。例えば，「一」という文字における線の引き方は左から右である。

2014など)①。

　第3章で前後軸に見られる時間表現について議論したが，この前後軸が関係する時間の流れだけでなく，左から右へ，あるいは右から左へという時間の流れもあると一般的に言われている。実際，スペイン語，英語，中国語，日本語，ヘブライ語などの横書きの書字体系を持っている文化圏では各言語話者が時間を認識する際に左右軸を用いていることが，Santiago et al.（2007），Fuhrman et al.（2011），佐藤（2014）などによって既に実験で確認されている。例えば，Santiago et al.（2007）は，スペイン語の話者にモニター上に呈示される単語が過去を表す言葉か未来を表す言葉かを判断させ，その際のボタンを押す速さを記録した。その結果，刺激語が過去を表すかどうか判断させた場合，その語がモニターの左側に呈示されたほうが右側に呈示された場合より速く，逆に，未来を判断させる場合は，刺激語がモニターの右側に呈示されたほうが左側に呈示された場合より速いことがわかった。さらに，過去の判断は，左手で左ボタンを押したほうが右手で右ボタンを押した場合より速く，逆に，未来の判断は，右手で右ボタンを押したほうが左手で左ボタンを押した場合より速いことを発見した。そして，これらの実験の結果を受け，佐藤（2014：346）は「スペイン語圏では，時間が左から右への直線的な流れとして表象されている」と述べている。

　また，Fuhrman et al.（2011）は中国語話者と英語話者を対象に次の

---

　① これらの実験は，左右の時間認識が存在すること，書字体系が時間認識に影響があることの両方に関わっているが，議論を整理するために，ここではあえて分けて紹介する。

実験を行った①。まず，モニター上に，「完全なバナナ」「半分剥かれたバナナ」「空のバナナの皮」のような，「早」段階，「中」段階，「遅」段階の絵のいずれかを映し出す。その際，まず，「中」段階の絵が画面の中央に表示され，その後，「早」段階，または「遅」段階の絵が右か左か上か下に表示される。参加者たちはそれらの絵が「早」段階なのか「遅」段階に当たるのかを判断しボタンを押して知らせる。左右軸に関してだけで言うと，結果は，左側に「早」段階の絵が示された場合，および右側に「遅」段階の絵が示された場合に，英語話者も中国話者もともに反応が速かった。逆に，左側に「遅」段階の絵が示された場合，および右側に「早」段階の絵が示された場合に，英語話者も中国話者もともに反応が遅かった。この実験から，英語話者と中国語話者には，左を過去，右を未来とする左右軸を用いた時間認識が存在することがうかがえる。このように，概念レベルでは，中国語話者と英語話者は左右軸を用いて時間を認識しているのである。

4.3.2 書字体系からの影響

上記の左右の時間認識に関して，書字体系やカレンダーなどの文化的要因も時間の認識に影響を与えると言われている（Fuhrman and Borodisky 2007；Ouellet et al. 2009, 2010；Radden 2011；Casasanto and Jasmin 2012など）。例えば，Fuhrman and Borodisky（2007）は英語話者とヘブライ語話者を対象にして，書字体系の方向と認識される時間の

---

① ここでは，左右の時間認識の部分のみを取りあげたが，この実験では，中国語話者と英語話者の時間認識に三軸（前後・左右・上下）が存在することが確かめられている。

<<<　第四章　左右軸の時間表現に見られる時間認識の仕方

方向との相関関係について実験を行った。そこで，書字体系の方向（英語は左から右，ヘブライ語は右から左）が時間の認識の方向（心的時間線）に影響があることを確認している。つまり，ある言語話者の書字体系の方向と時間認識の方向は一致しているのである。左から右へ文字を書き進めていく英語話者にとっては左は過去，右は未来と認識され，右から左へ文字を書き進めていくヘブライ語話者にとっては右が過去，左が未来と認識されるのである。ただし，注意しなければならないのは，これらの実験で検証されているのは概念レベルの時間認識であって，表現において「左右」が現れるかどうかは検討されていないことである。

　同様に，Ouellet et al.（2009, 2010）はスペイン語話者とヘブライ語話者を対象として，書字方向と心的時間線の方向が一致するかどうかの実験を行った。結果として，ヘブライ語では過去が右の場合の反応が速く，スペイン語ではその逆であった。この実験からも書字方向が時間の認識に影響が与えることを示唆される。

　上記の先行研究を発展させたCasasanto（2012）は英語話者のジェスチャーの中に左右の時間認識を示す証拠を見つけ，この左右の時間認識は，前後の時間認識とは異なり，カレンダーやグラフなどに現れていると述べている。彼の研究によると，英語話者がジェスチャーする際，左側が速い時間帯（過去）を表し，右側が遅い時間帯（未来）に写像することが圧倒的に多く，この写像は言語表現には起こらないが，英語圏の文化のカレンダーやグラフなどには頻繁に見られるのである。

　Casasanto（2012）によると，左右の時間認識の場合は，話者が出来事間の関係を記述する際に，ME：Moving Ego（主体移動型）もMT：Moving Time（時間移動型）も使用せず，MA：Moving Attention（注意移

動型）の視点を採ると主張している。Moving Attentionは，自然環境との相互作用ではなく，文化物との相互作用に基づいている。Moving TimeでもMoving Egoでも，時間列が前後に指向しているのに対して，図4.1で示されるように，Moving Attentionでは，時間は静的であり，概念者の左右方向に無限に伸びていく。概念者は時間列の中には位置せず，外からそれを見るのである。出来事は時間列上の「点」として概念化され，英語話者の場合，より左の点はより過去，より右の点はより未来にある。

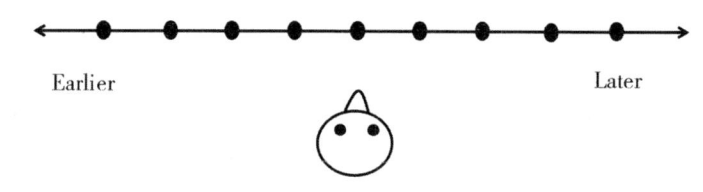

図4.1 左右の時間認識図式（Casasanto 2012:664）

Moving Attentionでは，自己も時間も移動せず，認知主体の「注意」が静的な点のある静的な列を移動するのである。認知主体が時間列と相互作用するのは，物理的な時間列(カレンダー，グラフなど)と相互作用するのと同様である。

　もちろん，これらの研究ですべての疑問が解消されたわけではない。なぜなら，Radden（2011）が指摘する，多くの言語では「右」や「左」を表す言語表現を使って時間を表せないという事実になんの説明も与えられないからである。左右軸を用いて時間を認識しているとしたら，「上下」「前後」と同じように「左右」も時間表現として言語レベルに現れるはずなのである。そして，この事実に説明を与えるためには，本章の冒頭でも述べた概念メタファーにかかるある種の制約，つまり，非対称性を持つ時間領域にメタファー写像できるのは非対称性を持つ空間概念に限られるという制約を考慮する必要がある。

第四章　左右軸の時間表現に見られる時間認識の仕方

要するに，上下軸と前後軸は非対称性を持つ空間概念であるために時間領域にメタファー写像できるが，左右は対称性を持つ空間概念であるため時間領域にメタファー写像できないのである。

そこで本書が取り上げる問題は，時間概念と左右軸は（非）対称性に関して整合性がないにもかかわらず，中国語ではなぜ（102）のような「左右」の時間表現が可能になったのかということになる。そして，この問いに答えるために，本書では，Langacker（2008）および町田（2012）の事態認識のモデルを援用して書字体系に起因する左右の時間認識のあり方，そしてその認識が言語表現に定着するまでの認知プロセスを明らかにしていく。

（102）左手是过往，右手是未来，中间是现在……（左手は過ぎ去った過去，右手は未来，真ん中は現在で…）（=（95a））

書字体系と左右軸の時間認識を結び付け，さらには，これを言語表現に繋げるためには，客体化の概念を押さえておく必要がある。書字体系によって対称性を持った左右軸にある種の方向性が与えられ，一方向的な時間認識に写像される過程，さらに，この左右の時間認識が概念レベルだけでなく表現レベルまで適用されるためには，主体的な要素の客体化が関わっていると考えるからである。図4.2が表しているのは，認知主体を含んだグランドGが客体化している過程である。（a）から（b）に向かって客体性の度合いが徐々に高まっている。Gが最も客体化されている（b）では，Gはすでにオンステージ（図ではIS：直接スコープ）に入って言語化されている。

図4.2 (= (3.13))

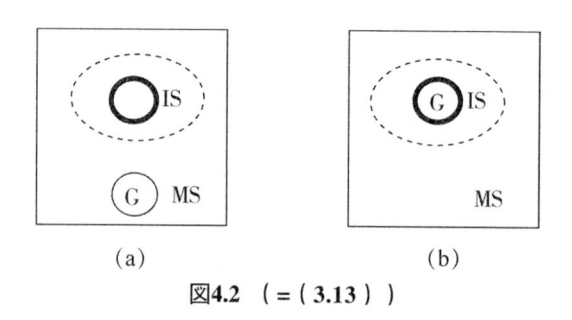

次節では，この図式と町田 (2012) の事態把握の様式の図式の組み合わせによって，左右が時間を表せるようになる過程を認知プロセスの観点から考察する。

4.4　中日両言語の「左右」

4.4.1　日本語の「左右」

日本語話者にも左右の時間認識があるということは佐藤 (2014) で確かめられている。佐藤 (2014) は日本語話者が時間認識の際に左から右への心的な直線的な流れを持つかどうかについて検証すると同時に，身体化された空間という観点から，このような認識は左手と右手という身体に連動しているのかについて実験を行っている。結論としては，日本語話者は時間が左から右へと水平方向に流れているという認識を持ち，その上で，過去と左手，未来と右手が強く結びつけられていると結論づけている。

ただし，日本語の場合は，中国語とは異なり，この過去が左手にあり，未来は右手にあるという認識は，前節の (102) のような表現レベルには現れていない。もちろん，「右肩上がりの成長」「60 左右の

人」のような左右軸が時間に用いられたように見える表現も少なからず存在しているが，このような表現は厳密な意味では時間表現ではない。ここで言う「右肩上がり」はグラフの形状を表しており，「右」が直接時間を表しているのではない。グラフにおいて時間に限らず右側方向と上方向をプラスと見ることから生じた表現であり，水平軸に時間をとったために間接的に時間を表しているのである。また，少し古風であるが，「60左右」という表現は「60歳頃」という意味を表しており，厳密にいうと，時間ではなく年齢を表している[1]。このように，中国語と異なり，日本語の場合は左右の時間認識は，通常，時間表現には現れない。

4.4.2　中国語の"左右"

4.4.2.1　問題提起

前節でも述べたように，日本語と異なり，中国語の場合は，左右の時間認識が言語レベルでも認められる。本節では，4.4節で検討した，書字体系が左右の時間認識に影響しているという主張を受け入れた上で，先行研究では考察されていない書字体系から言語表現レベルへの認知プロセスの検討を行う。

まず，(103)を見ていただきたい。中国語の新しい時間表現としての"左""右"は大きく2つのタイプに分けられる。

（103）a. 我左手握着昨天的回忆，右手牵着明天的梦想，可是我

---

[1]　もちろん，これら表現の背後にも，やはり，日本語話者の時間認識の中に左右軸が存在することがうかがえる。

的眼中心里只有现在的你……（私の左手が昨日の記憶を握っていて，右手が明日の夢をつないでいるが…）①

b. 大提琴的声音就像一条河，左岸是我无法忘却的回忆，右岸是我值得紧握的璀璨年华，心中流淌的……（チェロの音が川のようで，左側は忘れられない記憶であり，右側は輝かしい未来を握るに値することである。心の中に…）（郭敬明《左手倒影，右手年华》）②

（103a）は"左手"が過去を，"右手"が未来を表すパターンで，身体の一部で時間を表している。一方，（103b）は身体の一部ではなく"左+边・岸（側）"，"右+边・岸（側）"という手の隣接空間，つまり「左側」「右側」でそれぞれ過去と未来を表すタイプである。留意すべき点は，「左手」「左側」が過去を表し，「右手」「右側」が未来を表すのは任意ではないということである。つまり，本来，対称性を持っているはずの左右に非対称性が生じているということである。そして，本書では，この非対称性は書字体系から生じたものであるという立場をとる。次節では書く行為や読む行為からどのような認知プロセスを経て時間表現まで至るのかについて詳細に検討する。

4.4.2.2　なぜ左右が時間を表せるのか

図4.2を基にして，以下では，（103）のような表現が可能になる認知プロセスを4つの認知図式を用いて分析する。まず，図4.3は，中

---

① 尚雪莉. 关于理想的唯美句子78句［EB/OL］.（2022-11-11）［2024-10-12］. https://www.zqwh.com/juziyulu/n2qwpo6je6pscchqbzyiip89y7u8g2tc.
② 郭敬明. 左手倒影，右手年华［M］. 上海：上海译文出版社，2003：5.

<<< 第四章　左右軸の時間表現に見られる時間認識の仕方

国語話者が実際の生活の中で文字を読んだりカレンダーを見たりする際に生じている認知プロセスを図示したものである。

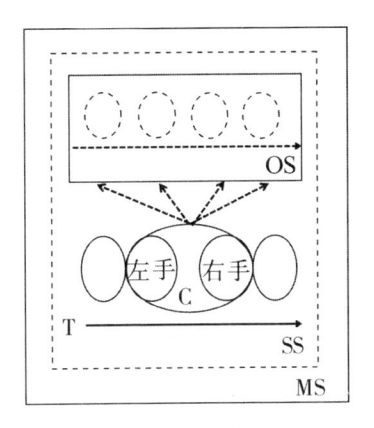

図4.3　書字体系

一番外側のボックスは最大スコープMSを表し，そのすぐ内側の破線のボックスは主観的状況SSを表し，一番内側の実線ボックスはオンステージ領域OSを表している。町田（2012）に従い，このSSは認知主体Cからの見えの世界を表す領域とし，OSは言語化可能な領域であるとする。認知主体Cからの点線矢印はメンタルスキャニング（mental scanning）を表すが，このメンタルスキャニングが行われる処理時間（processing time）はSS内の矢印Tで表されている[1]。OS内の丸い破線はカレンダーや文字列などの認識の対象となる要素（＝認識の客体）である。これらの要素をメンタルスキャニングを介して順番に把握することによって，カレンダーや文字列などから方向のスキーマが

---

[1] Langacker（2008：102-103）は，処理時間（processing time）は概念化の媒体となっている時間，把握時間（conceived time）はそれ自体が概念化の対象となっている時間であるとしている。例えば，「友達を待っている」という文は，1秒程度の処理時間で理解されるが，実際の「待っている」という出来事は30分ほどかもしれない。この場合の30分が把握時間に当たる。

抽出される。この方向のスキーマはOS内の破線の矢印で表されている。また，この方向のスキーマは，認知主体Cがカレンダーや文字列などに触れる際に自身の身体の一部である左手と右手に対応して把握されるため3.3.1節で紹介した事態内視点をとっていると考えられる。左手と右手の隣にある円はそれぞれ左手と右手の隣接空間を表す。

　図4.3のような文字列などを認識する際に生じる認知プロセスにおける処理時間Tは，図4.4に示すように客体化されると，OS上の把握時間t(conceived time)になる。その際，方向のスキーマ(破線矢印)と把握時間tの方向性は一致する。図4.4において，方向のスキーマの2つの黒点と把握時間上の2つの黒点がそれぞれ点線で結ばれているのはこのことを表している。これにより，左に行くほど過去を表し，右に行くほど未来を表すという左右軸と時間の相関関係が生じるのである。

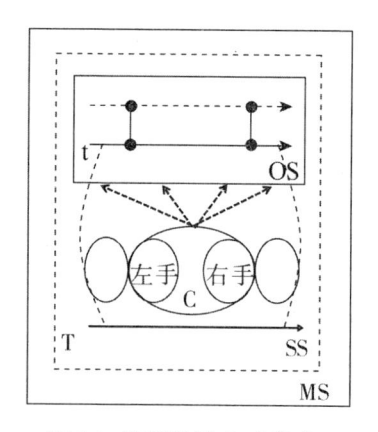

図4.4　処理時間の客体化

これは，プライマリー・メタファー(primary metaphor)が共起関係を経

<<<　第四章　左右軸の時間表現に見られる時間認識の仕方

験的基盤としているのと基本的に同じ現象であるといえる①。例えば，MORE IS UPというプライマリー・メタファーは「量が増える」という経験と「高さが増す」という経験は共起することが多いという共起関係を経験的基盤としているとされているが，同じことが図4.4でも起こっていると考えるのである。実際，文字列を読んだり書いたりする際，認知主体の左側が処理時間において処理済みの領域に一致し，右側が処理時間においてこれから処理を開始する領域に一致するという経験的基盤が認められる。これが，左右軸と時間認識を結びつける認知的な動機づけとなっているのである。ただし，この段階ではまだ「左手・右手」「左側・右側」は客体化されておらず，言語化はされないことに留意する必要がある。多くの言語はこの段階で留まっているので，左右軸を用いて時間を認識しているにもかかわらず，「左右」を表す言語表現を用いて時間を表すことができないのである。

　図4.4のように，いったん認知主体の処理時間Tが客体化されると，左右軸が持っている対称性が解消され，左右軸に非対称性が感じられるようになる。この非対称性の獲得（つまり左から右への一方向性を持ったこと）により，図4.4における認知主体Cの身体の一部である左手と右手が，図4.5に示すように客体化され，客体化された左手と右手は把握時間tと対応関係を結ぶことができるようになる。これにより，客体化された左手と右手がそれぞれ過去と未来を表すようになるのである。ただし，図4.5で図示しているのはまだ認識のレベルに過ぎず，OS内の左手と右手はプロファイルを受けず言語化されて

---

① プライマリー・メタファーとは，身体・感覚経験である起点領域と，主観的判断・評価である目標領域の対応付けが，それらを同時に経験する「共起性」という直接的経験基盤から動機づけられている概念メタファーを指す（辻2013：314）

149

いない。最後の図4.6では，両手の隣接空間も客体化を受けOSに上がっている。そして，客体化された隣接空間がそれぞれ過去と未来に対応している。

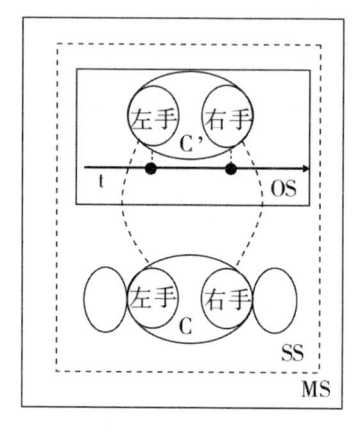

図4.5 左手・右手の客体化　　　図4.6 手の隣接空間の客体化

次の図4.7と図4.8は，このような認知プロセスに基づいて生み出された言語表現を図式化したものである。図4.7は（104）のような，「左手」と「右手」で過去と未来を喩える表現の図式化である。図4.7左図は手の客体化を図示した図4.5と同じ概念構造を持っているが，手がプロファイルされ，言語化されている点で異なっている。また，図4.7右図は「過去」および「未来」を表す言語表現のプロファイルを図示したものである。したがって，（104）の「左手が過去」「右手が未来」という表現で表されているのは，「左手」と「過去」，「右手」と「未来」をつなぐ図4.7のような写像の関係である。

（104）左手是过去，右手是未来，合在一起……（左手は過去で，

<<<　第四章　左右軸の時間表現に見られる時間認識の仕方

右手は未来であり，両手を合わせると…)(《美词美句大全》)①(cf.(95))

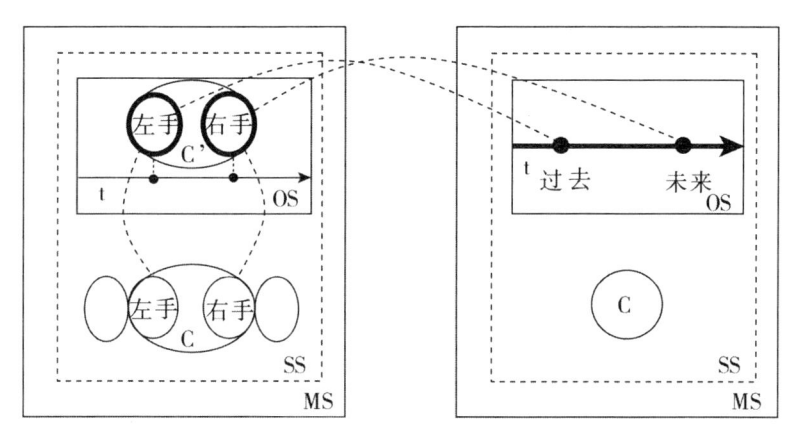

図4.7 「左手が過去」「右手が未来」の概念構造

同様に，(105)で表現されているのは，「左側」と「記憶」，「右側」と「未来」をつなぐ写像関係であり，図4.8のように図示される②。

(105) 我们站在一扇门的中间，门的左边是回忆，右边是未来……
（私たちは一つのドアの真ん中で立っていて，ドアの左側は記憶で，右側は未来である…)(《80后的集体回忆》)③

---

① https://wenku.baidu.com/view/f15a027703d8ce2f0166234d.html。
② この例では，「記憶」は「過去」を指している。ここでの記憶は右手側にある「未来」に対立する存在であるため，メトニミー的に過去を指すと解釈される。
③ この表現は《80后的集体回忆》という映画の中のセリフである。(http://bbs.tianya.cn/post-free-2506865-1.shtml)

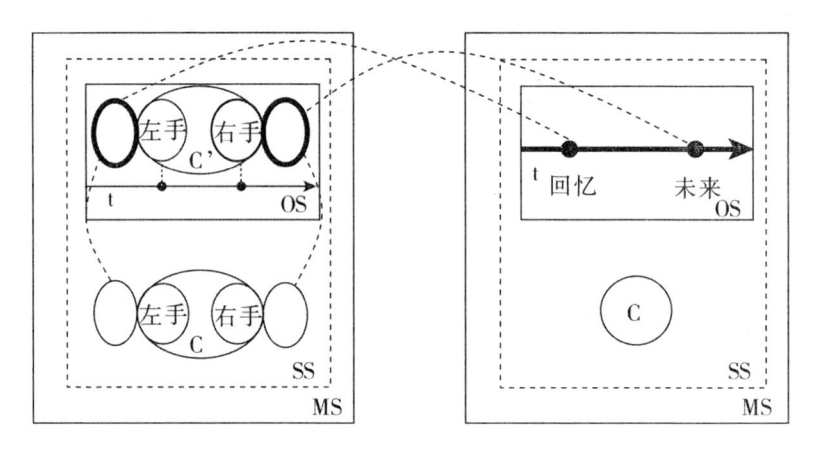

図4.8 「左側が記憶」「右側が未来」の概念構造

　中国語の左右の時間表現は，上記で挙げられたような2つのパターン(左右の手に言及するパターンと左右の隣接空間に言及するパターン)に限られているが，新聞やニュース，哲学や小説などの書籍，著名な人物の名言集など様々なジャンルにおいて広く認められる。

4.5　まとめ

　本章では，Radden (2011)などが存在しないとしていた左右軸を用いた時間表現が中国語に存在することを指摘し，そのような時間表現が成立するに至った認知プロセスを明らかにした。中国語の時間認識は，書字体系を経験的な基盤として用い，これをもとに左から右への方向のスキーマが抽出される。この方向のスキーマはSSにおいて常に処理時間と共起するため，処理時間が客体化され把握時間となった後にもこの把握時間と方向のスキーマは対応関係を持つことになる。これは，当初，概念のレベルだけで見られるが，その後，表現のレベル

<<< 第四章　左右軸の時間表現に見られる時間認識の仕方

でも生じるようになり，「左」で過去，「右」で未来を表すようになるのである。ただし，ここで注意しなければならないのは，左右の時間表現が定着したばかりなので，あまり生産性がないことである。本章で分析したように，左右の時間認識は左から右への書字体系などの経験的な基盤に基づいて形成されたと考えると，左右の時間認識が定着するのは，この書字体系が定着した後ということなる。左から右への書字体系が定着したのが1950代ごろだとすると①，左から右への時間認識も比較的新しく生じたことになる。左右の時間表現が少ないのはこのためである。これには，もちろん，すでに確立れている「前後」や「上下」に関する表現にブロックされているため使用範囲が制限されている可能性も考えられる。

　残された課題としては，なぜ概念レベルでは日本語にも左右の時間認識があるにもかかわらず，表現レベルでは日本語には左右の時間表現がないのかという問題がある②。この問題をさらに考察することにより，思考と言語が一致する場合と一致しない場合における違いを生み出す原因は何かという言語と思考に関する本質的な問題の解決につながってゆくかもしれない。

---

① 中国語における左から右への書字慣習は1950年代から始まったと言われている。中国語の書字体系の歴史的変遷については舒（2006）を参照。
② もちろん，日本語の他にも英語など数多くの言語において概念レベルでは左右の時間認識があることは知られている。

第五章

上下軸の時間表現に見られる時間認識の仕方

5　はじめに

　一般に，日本語と中国語の上下を用いた時間表現は時間メタファーであるとされ，これを前提として多くの研究が行われてきた。例えば，Radden（2011）は（106）を例に出し，中国語と日本語には上下軸を用いた時間メタファーがあると述べている①。

```
(106)              'the first half year'    'the second half year'
    Mandarin：  shang-ban-nian           xia-ban-nian
                （upper-half-year）       （lower-half-year）
    Japanese：  kami-han-ki              shimo-han-ki
                （up-half-period）        （down-half-period）
                                    （Radden 2011：5，一部改変）
```

---

①　Radden（2011）はこの議論の中で韓国語のデータも挙げているが，本研究では扱わない。

<<<　第五章　上下軸の時間表現に見られる時間認識の仕方

　一般的には，これらのいわゆる時間メタファー表現は川のメタファーに基づいているとされている(瀬戸 1995；左 2007；徐 2008；沖本 2012など)。本章ではこの川のメタファー説の妥当性を検証するとともに，中国語の上下の時間表現の背後の認知プロセスを解明する。それにより，少なくとも上下の時間表現に関しては，これまで主流であった時間メタファー論(特にMoore流の時間メタファー論)に疑いの目を向け，Moore流の時間メタファー論，特にSEQUENCEメタファーを用いても中国語の一部の上下軸を用いた時間表現は説明できないことを明らかにする。その上で，これまでの研究にはなかった新しい観点から，上下軸を用いた時間表現の背後に潜んでいるのは時間認識ではなく，順序認識であると主張する。そして，最終的には，時間表現の背後には，メタファーだけでなく，他の認知的要因も介在していることを提案したい。

5.1　問題提起

　上下軸に関するこれまでの研究には少なくとも2つの問題がある。一つ目は，瀬戸(1995)などが主張している川のメタファー説で，川に関する経験により上下軸が時間概念と結び付けられるとするものである。しかしながら，実際は，このような説明にはメタファー写像に必要な経験基盤が不足している。日常的な川に関する経験を想像してみればすぐにわかるのであるが，多くの場合，川は上から下へと流れているようには見えない。上から下へと水が流れているのがはっきりとわかるような川はむしろ稀で，どちらかと言うと，水平に近いような角度で流れている場合が多い。実際，近くに行って水の流れる方向

155

を確認しないとどちらが上流かがわからない場合もある。もちろん，渓流のような上下がはっきりわかる川もあるが，通常，時間を川のメタファーで捉える場合には，渓流ではなくゆるやかに流れる大河を思い浮かべると考えられる。そして，このような観察からわかるのは，川のメタファーはどちらかと言うと上下軸ではなく水平軸との関係が強いということである。

二つ目は，McTaggart（1908）が指摘しているような「時間性なしの順序用法」の事例がMooreの時間メタファー論では説明できないことである①。例えば，(107) を見てほしい②。このような言語現象は，時間表現は時間認識ではなく順序認識であると考えない限り，Mooreの時間メタファー論では説明できない③。時間認識と順序認識の違いは，(107a，b) と (107c) の容認性の差異に表れている。ただし，これについては5.3.5節で詳細に検討する。

(107) a. ……往来数次，到得第六次上下，推門出時……（…何回も往復する際，6回目くらいに，ドアを開けると…）
（《剣三：府主別伝》7章）

---

① ただし，McTaggart（1908）は，「時間性なしの順序用法」を時間の中に分類している点で本研究の主張とは異なる。本研究では，時間と順序は明確に区別する。
② 現代中国語では，"~上下"（くらい）は日常的にはあまり用いられないため，ここでは古い時代の用例を示している（(107) のような表現は現在ではあまり容認されない）。これは，横書きが定着するのと並行して縦書きが衰退したことと密接に関係していると考えられる。つまり，中国語の書字体系が縦書きから横書きに移ったために，現在では，"~上下"よりも"~左右"の方が優勢になったのである。実際，60歳以上の年配者に対する予備的な調査でも，年配者は若者よりも，"~左右"より"~上下"を使う傾向があるという結果が出ている。これに関しては，再度取り上げる。
③ もちろん，中国語の上下軸を用いた時間表現の中にはMooreの時間メタファー論で説明できるものも存在する。

<<< 第五章　上下軸の時間表現に見られる時間認識の仕方

b. "那年成华爷登极改元,择在八月上下幸学,凡二千里内的监生,不论举贡俊秀,倶要行文到监……"(成華殿が皇帝になった年に,その人は皇帝の身分で,8月くらいに政府が開いている官員を育てる教育組織を見回っている…)(《醒世姻缘传》)
c. *6点上下(6時ぐらい)

　本章の構成は以下の通りである。5.2節では従来の上下軸を用いた時間表現が川のメタファーだと主張している先行研究について紹介する。これを受けて,5.3節では川のメタファーで説明できない事実が存在することを指摘し,中国語の時間表現の背後には時間認識ではなく,メンタルスキャニングによる順序認識が働いていることを提案する。最後の5.4節はまとめである。

5.2　川の時間メタファー

　日本語においても中国語においても,上下の時間表現に関しては,川のメタファーの存在を主張する先行研究がほとんどである(蓝2005;瀬戸 1995, 2017;左 2007;Radden 2011;沖本 2012など)。5.2.1節では川のメタファーを用いて分析している先行研究を紹介し,続く5.2.2節では上記で指摘した経験基盤における問題点を満たすような認知図式の可能性を検討する。

5.2.1　従来の川のメタファーの認知図式
　日本語と中国語での時間メタファーに関する研究では,時間を川の

157

ように喩えて認識するという考え方がほとんどである(沖本2012;史,何,陆2007;瀬戸1995;左2007など)。以下では,両言語の先行研究を合わせて紹介する。

　沖本(2012:13)は,日本語の場合は時間の流れを「上流域」と「下流域」というような領域に区分し,これが年や月などの一定の期間に投射され,「上旬」「下旬」「上半期」「下半期」などの上下の時間表現を構成していると述べている。この議論の前提として,時間は水(川)であるという概念メタファーが想定されている。(108)はその例証である。

　　(108) a. 時代の流れ
　　　　　b. 時流に乗る
　　　　　c. 月日が流れる

水は高いところから低いところへ流れることから,「上流」「下流」のような表現が生み出され,さらに,この概念化が時間領域に投射されると,上下の時間表現が形成される。このように,沖本(2012)や瀬戸(1995)などは,日本語の上下の時間表現の背後には川のメタファーが働いていることを主張している。

　同様に,史,何,陆(2007:116)は中国語の上下の時間表現も川のイメージスキーマからもたらされるとし,川の「上流」「下流」の区別,川は必ず「上流」から「下流」へ流れるといった性質が時間に写像されていると述べている。例えば,時間には「早」「遅」があり,「早」は「遅」の前にあるが,この時間の構造と川の構造に類似性を見るのである。この類似性に基づいてメタファー写像が行われると,時間が上から下へ流れるという認識が生まれるのである。

<<< 第五章　上下軸の時間表現に見られる時間認識の仕方

　上記の先行研究では，写像関係を詳細に議論する際に有意義な知見を与えてくれる認知図式を示していないので，以下では，認知図式を明示している先行研究を紹介する。瀬戸（1995：102）は「下半期」「上代」「上旬」などの日本語の表現は時間メタファーによる時間表現で[1]，時間を川に喩えることで，「上下」が動きと結びつくようになるとしている。(109) を見てほしい。

(109)　a. 時代が下る。
　　　　b. 時代を下る。
　　　　c. ？時代が遡る。
　　　　d. 時代を遡る。

（瀬戸 1995：102）

興味深いことに，上の例文では（109c）だけが容認性が下がる。その理由を瀬戸（1995）は川の流れと関係づけている。図5.1の3つの図式を見てほしい。

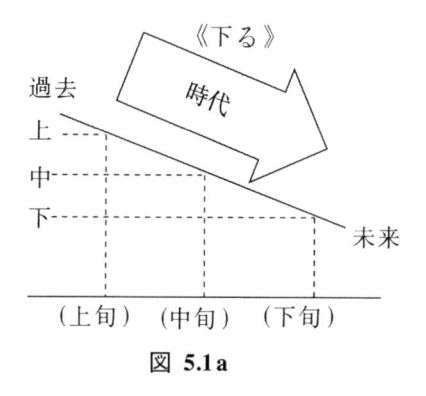

図 5.1a

---

[1] 瀬戸（1995）は時間と空間の写像を伴うメタファーを「時空間メタファー」と呼んでいるが，本研究では篠原（2006）に従い，「時間メタファー」に統一してある。

図 5.1b　　　　　　　　　　　図 5.1c
図5.1　川のメタファー（瀬戸1995:103）

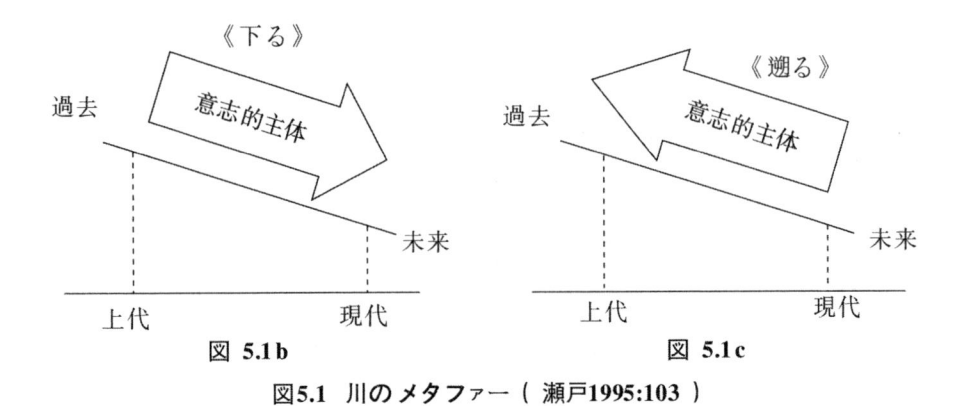

（109a）は自動詞構文であり，図5.1aで示されるように，「時代」が動く主体で水のように物理的に上から下まで自然と流れ，「上旬」から「下旬」へ流れていく。次の（109b）は他動詞構文であり，「意志的主体」（人間）が動く主体であり，自然な流れに沿って「上代」から「現代」へ流れることを意味する（図5.1b）。一つの例文を飛ばして，（109d）も他動詞構文であるが，これは（109b）のように流れの方向に沿って自然に流れるのとは異なり，意志的主体が流れを「現代」から「上代」へ逆行する（図5.1c）。重要なのは，（109c）が不自然であることである。もちろん，（109c）が不自然な理由は，意志のない「時代」という移動主体が重力に逆らい下から上に向かって流れることは物理的に不可能だからである。このように，（109c）の不自然さは，日本語話者が時間を川の流れに喩えていることの証拠の一つとなる。

　左（2007：58）は，「上」と「下」のメタファーの中に「過去の時間が上，未来の時間が下」というメタファーがあると認めた上で，「中国語には時間の二つの捉え方がある。一つは「横」の軸であり，時間が「横」の軸に沿って流れるのに対して，もう一つは「縦」の軸であり，時間が「縦」の軸に沿って流れている」と主張している。縦軸に沿って流れる時間は図5.2のようになる。これによると，時間は上か

<<<　第五章　上下軸の時間表現に見られる時間認識の仕方

ら下まで流れ，上方が過去，真ん中が現在，下方が未来を表し，早い時間は「上」の方に，遅い時間は「下」の方に対応することになる。

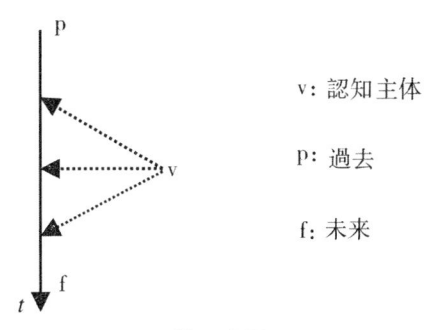

　　　　　　　　　v: 認知主体
　　　　　　　　　p: 過去
　　　　　　　　　f: 未来

図5.2　縦の軸の時間図（左2007:58）

左（2007）によると，このような時間メタファーの存在により，中国語では（110）で示されるような表現が可能となる。このように「上下」の空間表現はメタファー的に写像されることによって時間を表現することができるようになるのである。

(110)　a. 上午（午前）—下午（午後）
　　　 b. 上半夜（夜12時前）—下半夜（夜12時過ぎ）[1]
　　　 c. 上个月（先月）—下个月（来月）
　　　 d. 上个星期（先週）—下个星期（来週）
　　　 e. 上个礼拜（先週）—下个礼拜（来週）
　　　 f. 上周（先週）—下周（来週）
　　　 g. 上半月（月の前半）—下半月（月の後半）
　　　 h. 上个世纪（前世紀）—下个世纪（来世紀）

（左2007：59）

---

[1]　左（2007：59）では"下半夜"は「夜12時後」と訳されているが，ここでは「夜12時過ぎ」と訳すことにする。

161

5.2.2　川のメタファーの認知図式の再考

　本書では上記の川または滝のように斜めあるいは垂直に流れる水の認知図式は，認知主体である人間の日常的な経験からは喚起しにくく，より現実的な経験的基盤を持った認知図式を提案したい。基本的には，水平なものとして認識される川の流れを経験的な知識として持っている物理法則を参照して解釈することによって上流下流の認識が生まれるという二段階の認識を想定する。これは，もともとは水平に認識される川を垂直のものとして表すということにほかならない。例えば，地図などでは上を進行方向にすることがよくあるが，これは前後軸を上下軸に写像していることになる。つまり，上下軸のように描いているだけであり，実際は，垂直のものとして認識しているわけではない。同じことが，上下の時間表現の背後にも起こっていると考えるのである。論理はこうである。川は実際には水平方向に流れる。そこに，物体は重力に従って上から下に向かって動くという経験的知識が組み合わされると，水がやってくる方角が上，水が向かっていく方角が下という認識を得るのである。このようにして得られた「上流」「下流」のような空間的な認識が時間領域にメタファー写像されると，「上旬」「下旬」「上半期」などの表現になると考えるのである。このように，川のメタファーに現れる「上下」は経験を直接的に反映したものではないのである。

　以上の考察を図示すると以下の4つの図のようになる。そして，川から時間認識に至るまでには大きく分けて2つの段階がある。前半は図5.3と図5.4が組み合わされて，図5.5を生じさせる段階，つまり，メタファー写像のための準備として川の構造づけが行われる段階である。後半は，この図5.5が図5.6へとメタファー写像される段階，つ

<<< 第五章　上下軸の時間表現に見られる時間認識の仕方

まり，構造づけられた川(起点領域)から時間(目標領域)へのメタファー写像が行われる段階である。

図 5.3　水平な川

図 5.4　物体の落下

図 5.5　上下の川

図 5.6　上下の時間表現

川は物理的には上から下へと流れるが，日常的な経験において川はむしろ水平に流れるように見えている場合が多い。図 5.3 の川はこの認識を反映して水平になっている。その一方で人間は物体は重力に従って上から下へと移動(落下)することを経験的に知っている。これを図示したものが図 5.4 である。これらの図 5.3 と図 5.4 が動きの向きに従って合成されると水平な川に上流と下流という構造が生まれる。これが図 5.5 である。こうして構造化された川に関する概念領域(起点領域)が時間領域(目標領域)にメタファー写像されることによって，「上~」「下~」という時間表現が可能になるのである。これを表したのが図 5.6 である。

　本書の主張が他の先行研究と異なっているところは，時間表現に現れる「上下」の概念が直接経験される川にはじめから存在するものではなく，上記のような段階を踏んで現れたものであると考えるところにある。実際，心理学実験(cf. 佐藤 2014 など)によって示されている日本語話者の時間認識は左から右へという水平方向であり，上から下へという時間認識が実験で確かめられたことはないが，この心理学実験が示す事実と「時代をさかのぼる」のような川のメタファーとの

163

整合性は，時間の川は斜めではなく水平方向に流れていると考えることによって得られるのである。多くの場合，実際の川は水平方向に流れるように見えるため，「上下」の構造を生み出すような強力な経験的基盤が起点領域には存在しないのである。

ここで注意しなければないのは，この認知プロセスは必ず上記のような2つの段階を経ていることである。川のイメージは垂直でもなく，斜めでもなく，ほぼ水平のものなので，川のメタファーに利用される空間軸は先行研究が指摘している「垂直軸」ではなく，「水平軸」であるということである。

5.2.3 実験

5.2.2節の結論を受け，人間はどのように時間を認識しているのかについて実験①を行った。参加者②は中国語母語話者30人で，年齢と人数はそれぞれ，10~20歳は6人で，21~30歳は10人で，31~40歳は10人で，41~69歳は4人である。書字・読書の頻度の要素が実験の結果に影響を与える可能性があるため(書字習慣による順序認識の除く)，ここで普段書字・読字の頻度高い10~30歳の16人と書字・読字の頻度低い31~69歳③の14人を二つのグループに分ける。参加者全員が別々の同時に別々の通訳の教室で同じ実験内容について回答してもらうことにした。実験を行う前にすべての参加者に実験の手続きの概要について説明し，実験の真の目的は実験修了後に説明した。すべて

---

① 2020年9月16日午後1時に大連大学で本実験を施行した。
② 参加者の中では17人が女性で，13人が男性である。
③ 10~30歳の学歴は高校生と大学生であるのに対し，31~69歳の学歴はほとんど中卒で，今まで，ほとんど書字・読書していない重労働者である。ここで，書字などの要素の影響を除くため，このようにグループ分けを設定している。

<<<　第五章　上下軸の時間表現に見られる時間認識の仕方

の参加者に2つの課題を設定した。1番目の課題を実施した後，続いて2番目の課題を実施した。

　1番目の課題としてはモニター上に時間はどのように流れているのか，つまり時間に方向を付けたら，どう書くかという質問が出てきて，参加者に用意した白紙に描いてもらう。1番目の課題に関しては，前後軸の"前天"(一昨日)，"后天"(明後日)のようなプロトタイプの表現が影響している可能性があるため，2番目の課題ではモニター上に出た"上溯远古"(古代に遡る)，"下及未来"(未来に下がる＝未来に進んでいく)などの一部の川のメタファーによる上下の時間表現を見せて，この表現では時間はどうのように流れているのか聞き，また時間の方向を描いてもらう[1]。2番目の課題では明確に上下の時間表現を出して，直接に考慮してもらう。質問が出た後，30秒以内に描かなければならないことにした。

　結果としては，1番目の課題に対して，時間の方向に関しては，両グループの30人がすべて時間を水平的に描く[2]という結果であった。2番目の課題に対しては，10~30歳のグループの16人の中では9人が水平的に描いている。他の7人が何も描いていない(つまり回答していない)。31~69歳のグループの14人の中では5人が水平的に描いているが，9人が描いていないという結果であった。実験終了後，2番目の課題に何も描いていない16人になぜ描いていないかと聞いたと

---

[1]　"上(个)月"(先月)のような表現は使用しなかった。なぜならば，これらの表現は，"上溯远古"(古代に遡る)と異なり，書字習慣と関係があると考えられる(cf. 5.2.2. 節)，川のメタファー以外の要素が入ってしまう可能性があるからである。これに対し，"上溯远古"(古代に遡る)のような表現は川のイメージを喚起しやすいと考えられるので，このような表現を採用した。

[2]　なお，この中で，少し斜め(ほぼ水平的に)に描かれたものが二つあった。斜めの角度が大きくないので，ここで水平的に見做している。

ころ，9人がどう描いていいかはわからないと答え，残りの7人は時間が足りないと答えた。以下の図表で示されている。

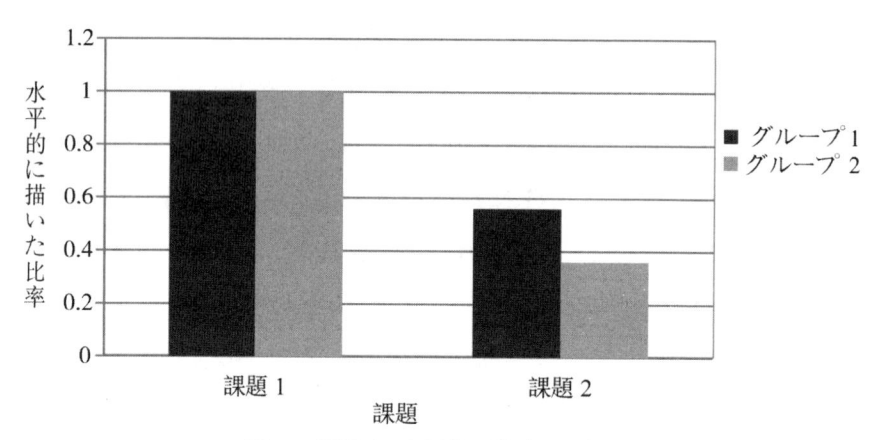

図5.7　回答率(水平的に描く)(作者作成)

図5.7で示されているように，課題1の回答率と回答の一貫性から見て，明らかに中国語母語話者が直接に時間を上から下まで流れるという認識が存在しないことが分かった。そして，課題2の回答率はそれぞれ，グループ1では0.56で，グループ2では0.36である[①]。

ここで，グループ1の回答率がグループ2の回答率より高いことから，書字習慣が時間の流れの概念化に影響があるという可能性が示唆されるかもしれない。一つの可能性は，図などで時間を水平的に表象する習慣の影響がグループ1においてより強く見られるということである。グループ1の書字・読字の頻度がグループ2の書字・読字の頻度より高いので，図などによって時間を水平的に表象する習慣が強い可能性がある。課題2に関して，時間を単純に水平的に流れているようにイメージしない傾向が両グループにあっても，グループ1が比較的

[①] もちろん，実験の参加者の人数を増やせば，課題2のグループ1とグループ2の回答率の差が小さくなる可能性もある。

気安く水平的に描く傾向があるかもしれない。課題1においては，書字・読字習慣のない話者も水平的に描いたので，書字・読字習慣の影響はあれば課題1の結果には見られなかった。これは，課題1においての天井効果によるかもしれない。つまり，課題1では，もうすでに時間を単純に水平的に概念化しているため，書字習慣が時間を水平的に描く比率を押し上げても差が出ないということかもしれない。

所詮，課題2では課題1と異なり，グループ1とグループ2の未回答率が低くない(特にグループ2の未回答率が半分以上の0.64であった)ことに，直接水平的に描かないようにする何かの原因が与えている影響が見える。課題1の答えはすべて水平的であって，課題2の回答は全て水平的であったので，非回答の場合のそのイメージは垂直であるはずがない。むしろ，課題2に喚起された概念化は何らかの形で水平的なイメージ関連していると考えられる。その回答率が低い原因は，上下の時間表現の背後の認知プロセスは複雑であることを示唆していると考えられる。

この実験は，時間は直接に上から下まで流れていると把握しているのではないと示唆されている。つまり，川のメタファーに利用される空間軸は「水平軸」であるということが分かった。

5.3　中国語の上下の時間表現

5.3.1　問題提起

この節では，中国語の上下を用いた時間表現を考察する。上下軸の特性を明確にするため，あらかじめ，中国語の「前後」「左右」「上下」の三軸が同じように使われている時間表現を比較しながら分析

し始めることにする。中国語には（111）のような前後軸を用いた時間表現があり，これらは他の多くの言語にも見られるメタファー表現であると言われている（Radden 2011；Yu 2012など）①。

（111）a. 前天/后天（一昨日/明後日）
　　　 b. 4点前后（4時前後＝4時頃）

一方，（112a）に示すように，中国語話者は時間認識において前後軸以外に上下軸も使うとされている（Boroditsky 2001；Fuhrman et al. 2011など）。ところが，興味深いことに，上下軸を用いた場合，前後軸とは異なり「頃」を表す（112b）のような表現をすることができない。上述の（111b）において"前后"で「頃」を表すことができるのに対し，（112b）に示すように"上下"では「頃」を表すことができないのである。

（112）a. 上星期/下星期（先週/来週）
　　　 b. *4点上下（4時頃）②

この事実は，水平軸（前後軸）と垂直軸（上下軸）の間には何らかの根本的な相違があることを示唆している。以下では，"上下"を用いた時間表現の容認性及び上下軸の概念を用いた時間表現における認

---

① 左右軸の場合は"4点左右"（4時頃）という表現があるが，"*左天"のような表現がないため，ここでは議論を簡潔にするために，左右軸の例を挙げず，"～前后""前～"の両パターンが容認されるものだけを取り上げることにする。

② ここでは，比較のために「4時頃」と訳しているが，実際にはこの表現は「～時頃」は表せない。仮に"*4点上下"という表現が成立するとすれば，"4点前后"や"4点左右"と同様に「4時頃」を表せるはずだという意味である。

知プロセスについて検討したうえで，上下軸を用いる際の認知プロセスには，時間メタファー(TIME PASSING IS MOTION)だけでなく順序認識が関わっている場合があることを主張し，そのような順序認識が成立する過程を考察する。

第2章，第3章で説明したように，これまで，認知言語学的研究では，抽象的な時間概念を理解する際に用いられる認知プロセスは概念メタファーであるとされることが多かった(Lakoff & Johnson 1999; Moore 2000, 2001, 2006, 2014など)。実際，本節で取り上げる中国語の"上下"に関わる時間表現の研究でも，TIME PASSING IS MOTIONという時間メタファーが関わっているとされ，目標領域の「時間の経過」を認識する際に起点領域の「空間的移動」が利用されると考えられている(徐 2008; 張 2010; Yu 2012など)。これに対し，本節では，中国語の"上下"を用いた時間表現には，この時間メタファーだけでは説明できない現象があることを指摘し，そこには順序認識が関わっていることを提案する。

本節の構成は次の通りである。以下，5.3.2節では水平軸及び垂直軸における時間メタファーに関する先行研究について概観する。続く5.3.3節では，前後軸，左右軸を用いた時間表現の認知プロセスを検討し，5.3.4節では上下軸を用いた中国語の時間表現は非連続的な順序認識を表していると主張する。その際，中国語の"上下"を用いた時間表現に見られる順序認識は，SEQUENCEメタファー(順序型)では説明できないことを明らかにする。その上で5.3.5節において，中国語の"上下"に現れる順序認識の経験的基盤には中国語の書字体系とそれに伴うメンタルスキャニングがあると主張する。そして，最後の5.3.6節では，本書のまとめ及び残された課題が示される。

5.3.2　上下の時間メタファーに関する先行研究

　上記の問題提起で説明したように，前後の時間表現と同様に上下の時間表現も時間メタファーである可能性が考えられる。これまで，水平軸を用いた時間のメタファーは，水平方向への移動に関する表現を中心に様々な言語を対象として研究されており，特に，前後方向への移動に関する時間メタファーの研究は盛んに行なわれてきた（篠原 2006，2008；瀬戸 1995，2017；Sweetser & Gaby 2017；潘 2008など）。中国語の前後の時間メタファーに関する先行研究は，すでに第3章で議論している通りである（Alverson 1994；Ahrens and Huang 2002；唐 2015など）[①]。

　上下軸が用いられる時間表現に関する先行研究は，主に2つに分けられる。一つは写像された起点領域についての考察であり，例えば，川以外に，時間をバスなどに喩えるメタファーなどがある（cf. 易 2014など）。ただし，これらの先行研究では上下の時間認識を生み出す要因に焦点を当てており，上下の時間表現の詳細な分析がなされていない。また，もう一つは時間が動く（時間移動型）のか，認知主体が動く（主体移動型）のかという観点から上下の時間表現に関係する時間メタファーの研究を行っている（徐 2008；潘 2008；Yu 2012など）。

5.3.2.1　川のメタファー以外の仮説

　5.2節で挙げた上下の時間表現に関する認知プロセスに関する先行研究は川のメタファーが主流となっているが，中国語においては，様

[①] ただし，これらの先行研究では，水平軸の中でも特に前後軸に関して考察している。

<<< 第五章　上下軸の時間表現に見られる時間認識の仕方

々な上下の時間表現を考察した上で，時間表現においては他の認知プロセスが存在している可能性を指摘しているものもある。例えば，易（2014）の研究がそれにあたる[①]。易（2014：124）は，図5.8に示されるように，上下のイメージスキーマを3つ（動的モデル，静態的モデル，接触モデル）に分類することを通して，上下が関わっている時間表現の分類を行っている。

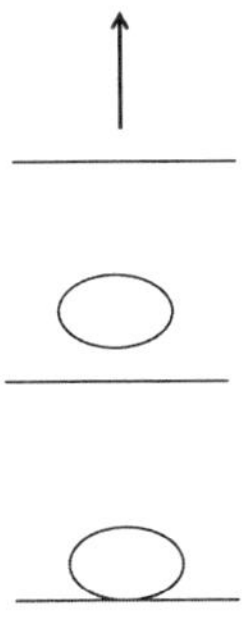

上のプロトタイプモデル		モデルに対応している例文
动态模式（動的モデル）	↑	上车（車に乗る），上船（船に乗る），上楼（（2階，3階など）に上がる），上架（書架に並べる），上桥（橋に上がる），上来（低い所から高い所へ上がってくる）など
静态模式（静態的モデル）	○ ―	上游（上流），上午（午前），上半天（一日の前半日），上半夜（夜12時前），上篇（書物などで，上・下又は上・中・下と分けられたうちの最初の編）など
接触模式（接触モデル）	○	上衣(上着)，上颚(上あご)，上齿(上の歯)，上文(前に記した文章)，上联(对聯上の句)など

図5.8 上下のイメージスキーマ（易2014:124，一部改変）

動的モデル（モデル1）は，"上山"（山を登る）のような表現に当てはまる。この場合は地面が参照点となり，矢印で上方向に向かう移動を表している[②]。このモデルが"上船"（船に乗る）や"上楼"（（2階，3階など）に上がる），"上来"（低い所から高い所へ上がってくる）などの表現の概念基盤を提供している。

また，静態的モデル（モデル2）は，上下の時間表現に概念基盤を提

[①] 易（2014）は，前後軸の時間表現に関する先行研究で紹介した楢和（1997）のイメージスキーマによる分析と類似したところがある。
[②] 易（2014）における「参照点」は，Lakoff and Johnson（1980）の言うランドマーク（LM：landmark）とLangacker（2008）の言うReference-pointの両方の意味で用いられている可能性がある。

171

供している。例えば，"上旬"の場合，前提として一ヶ月という時間帯を垂直の1つの物体に見なしており，この月の真ん中の日を参照点として，参照点の前後の五日くらいを中旬と呼び，中旬の前の十日間くらいを上旬と呼び，中旬の後の十日間くらいが下旬であると述べている。

最後に，接触モデル（モデル3）であるが，典型的な例は"上身"（上半身）のような表現に現れる。この場合は身体を1つのものに見なして，身体の真ん中を参照点とする。その参照点から上は"上身"（上半身）であり，その下は"下身"（下半身）である。このモデルが該当する状況は，体のように上下が分離できないものの場合であり，静態的モデルの図式と異なり丸い円と直線が接触している図式であると述べている。

また，易（2014：125）は，バスや汽車などをイメージスキーマ化して1本の線と見なし，そこから，様々な上下の時間表現が生み出されると述べている。例えば，モデル2が時間領域に写像して拡張した結果，"上一站"（一つ先の駅）や"下一站"（次の駅）などの表現が生み出されるが，この場合，時間を一つの縦の方向に無限に伸びる線と見なしている。その中の任意の1点を参照点にした場合，参照点より上は時間的に早く，参照点より下は時間的に遅いことになるのである。具体的に言うと，まず，バスや汽車が運行する過程から1本の時間線を抽出する。その上で，ある駅を参照点とした場合，"上一站"（一つ先の駅）は，時間軸上において参照点に達する前になるため，この駅の時間は，より早いことになる。反対に，"下一站"（次の駅）はこの参照点を通過した後になるため，より遅い時間を指す。この他にも，"上午"（午前），"上次"（前回），"下次"（次回）などの表現がある（易 2014：125）。このように，汽車の駅やバス停が"周"と類似する

<<<　第五章　上下軸の時間表現に見られる時間認識の仕方

構造を持っていると見なすために，"上周"のような表現が形成されると考えるのである[①]。

　以上，上下の時間表現を生み出す前提となる時間認識のモデルとして，上から下へ垂直（斜め）に流れる川のメタファーやバスや汽車などから得られるイメージスキーマに関する考え方を見てきたが，5.2 節で提案したように，本書では水平に流れる川が時間認識の起点領域になっていると考える[②]。つまり，上下の時間認識は直接的に上から下へ流れる水ではなく，水平に流れる川に上下の方向性が合成されたものが起点となって，メタファー写像されると考えるのである。

5.3.2.2　MT・MEを用いた先行研究

　この節では上記の先行研究より一歩進んで，時間の流れのあり方，すなわち，MT（時間移動型）か，ME（主体移動型）かなどの認知モデルに関する先行研究を紹介する（徐 2008；潘 2008；Yu 2012など）。

　徐（2008）は，「対峙的方略」（Ego-opposed strategy）と「同方向的方略」（Ego-aligned strategy）という概念を用いて分析を行っているが[③]，これはMEとMTにそれぞれ対応すると思われる。徐（2008：26）は，篠原（2002：243-244）で指摘されている対峙的方略と同方向的方略の二種類の捉え方に従って，上下の時間認識は図 5.9と図 5.10に

---

① しかし，"上午""下午"などの時間表現は，バスや汽車などの表現より先に形成されたので，少なくとも歴史的な説明としては妥当とは言えない。
② 注意しなければならないのは，上下の時間表現の一部には本研究で提案することになる順序認識から形成されたものもあるということである。ただし，時間メタファー論と本研究で提案している順序認識の考え方は両立しうる。
③ この概念はもともとMoore（2000）で提案され，対峙的方略はA reference point in front of Ego is treated as if it were facing Ego.（ibid：105）とされ，同方向的方略はAn object is assigned a front and a back as if it were facing the same direction as Ego（ibid：163）とされている。

173

分けられていると述べている①。

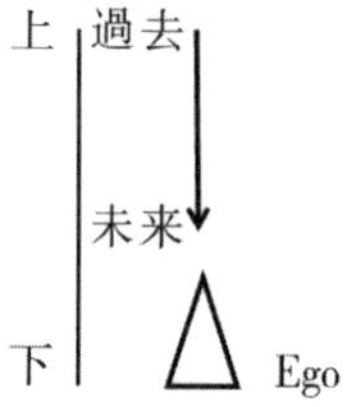

図5.9 対峙的方略（cf. 徐2008:26） 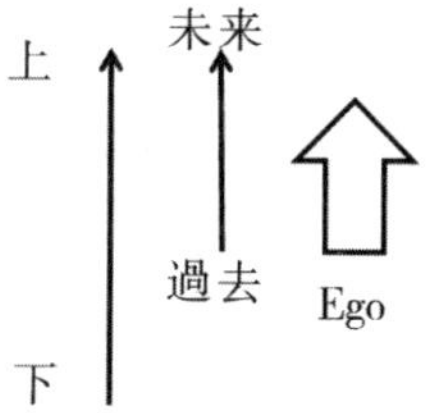　　図5.10 同方向的方略（cf. 徐2008:27）

　図5.9の対峙的方略(MTに相当)の捉え方では，認知主体の前の対象物が認知主体に向かっていると見なされる。時間は過去から未来へ流れる川のイメージであり，認知主体は時間が来る方向に向かって対面している。そのため，時間的に早い方が「上」で，時間的に遅い方が「下」である。一方，図5.10の同方向的方略(MEに相当)のパターンでは，時間は認知主体と同じ方向で過去から未来へ流れる。この場合，時間的に早い方が「下」で，時間的に遅い方が「上」で表される②。

　また，潘（2008）では，「前後」「上下」の時間表現とその背後の時間認知モデル(時間メタファー)について議論されている。はじめに前後軸を利用した時間表現について確認しておこう。潘（2008）によ

---

① 図5.10は，直感的に理解しやすいが，このままではEgoが上へ向かって移動することになってしまい経験上ありえないことになってしまう。そこで，5.2.2節での考察を援用して，水平方向の認識を上下軸に射影したものと解釈することにする。
② 徐（2008：27）は，中国語と日本語では，上下軸において対峙的方略の認知パターンしかないが，英語ではこの2つの方略の認知パターンが存在していると述べている。例えば，From 1918 <u>up</u> to 1945…ではより後のこと(未来)が「上」で表されており，This story was handed <u>down</u> to Michael by his fatherではより後のこと(未来)が「下」で表されている。

174

<<<　第五章　上下軸の時間表現に見られる時間認識の仕方

ると，中国語の前後の時間表現はMooreの予測通りに3つに分けられる①。はじめに，(113)はME(Moving Ego(主体移動型))メタファーの例である。(113)では認知主体が前方にある未来へ向かって移動している。そして，認知主体の位置を「現在」とした場合，これから移動して行く領域が「未来」，これまで移動してきた領域，つまり認知主体の背後に存在する領域が「過去」に対応する。

(113) 马上就要到复活节了。(We are getting close to Easter.)(潘 2008：81)

一方，(114)のEMT(Ego-centered Moving Time(自己中心的時間移動型))メタファーの例では，認知主体が「私のいま」に静止しており，移動体である時間が未来から「いま」に向かって近づいてくる。さらに，その時間が「いま」を越えると過去の彼方へ遠ざかって行くことになる。

(114) 圣诞节就要来了。(Christmas is coming.)(潘 2008：81)

最後は，(115)はSEQUENCE(順序型)メタファーの例である。このメタファーにおいては時点や出来事が経路上を1列に移動する物体として構造化されている。そのため，このメタファーでは複数の出来事の前後関係は固定されており，視点の取り方によって相対的に決まるものではない。

---

①　潘(2008：83)では上下の時間表現の背後にある認知図式を描いているが，基本的に瀬戸(1995)，蓝(2005)の時間が斜めに流れるという主張と同様であるため，ここでは割愛する。

175

（115）闪光之后就听到了爆炸声。(The sound of an explosion followed the flash.)

（潘 2008：82）

次に，上下軸を用いた時間表現である。潘（2008）は，上下の時間表現に関しては，MTとMEのいずれに属するかについて分析している。例えば，(116)はMEの例であり，(116)では時間という川に身を任せて人間が動いていることになる。そのため，これから訪れる未来は下流にあり，過ぎてきた上流は過去ということになる。(116a)は認知主体が下流にある未来に向かって移動していることを表し，(116b)では，川の流れに逆らって，上流にある過去に向かって移動していることを表している。

（116）a. 可惜，我没有坚持下去，所以有许多读过的著作都忘得一干二净。（老舍《谈读书》）
（残念ながら，私は頑張ってこなかった。だから，たくさん読んでいた本を完全に忘れてしまった。）
b. 像是沿着历史长河逆流而上，顿时感到个人的渺小。（潘 2008：83）
（歴史の長い川を遡ると，自分がちっぽけなものであると感じる。）

一方，(117)はMTの事例である。潘（2008）によると，MTの場合，観察者の視点や観察者の移動とは無関係に，先に発生した時間は後に発生した時間の上の方にある。したがって，"上"は過去を"下"は未

<<< 第五章　上下軸の時間表現に見られる時間認識の仕方

来を表すことになる。

(117) a. 上一代/下一代　　（上の世代・次の世代）
　　　b. 上次/下次　　　　（前回・次回）(潘 2008：84)

　潘（2008）の分析によると，前後軸上の移動，上下軸上の移動ともに，MEでは認知主体が進んでいく領域が未来，MTでは時間が進んでいく領域が未来という点では全く差異は見られないことになる。しかしながら，両者に全く差異がないというわけではない。先に（111b）（112b）で示したように，前後軸を用いた"4 点前后"（4 時頃）は容認されるのに対し，上下軸を用いた"*4 点上下"（4 時頃）は容認されないのである。

　また，Yu（2012）は前後軸の分析を継承し，上下軸の時間表現についても，Time-R(対象物＝時間)とHuman-R(対象物＝人間)の区別を用いて表 5.1 のように分類している[①]。

表 5.1　上下軸における領域間の対応関係（Yu 2012：1349 図 3.2 の続き）

	Frame of reference		Vertical orientation		
No.	Referent	Reference point	Source：space		Target：time
8	Time	Time	Upper	→	Earlier
9	Time	Time	Middle	→	Later/Earlier
10	Time	Time	Lower	→	Later
11	Time	Ego	Upper	→	Past

---

① Yu（2012）の前後軸の時間表現に関する分析は第 3 章ですでに紹介したので，ここでは，上下軸の時間表現に関する部分だけを紹介する。

続きの表

	Frame of reference		Vertical orientation		
No.	Referent	Reference point	Source: space		Target: time
12	Time	Ego	Here/Co-location	→	Present/Now
13	Time	Ego	Lower	→	Future
14	Human	Human/Ego	Upper	→	Earlier
15	Human	Human/Ego	Lower	→	Later

　この表5.1の8番と10番はともに対象物(referent)も参照点(reference-point)も時間である場合を表しているが，8番では「上」は「早い」時間を，10番では「下」は「遅い」時間を表すという点で異なっている。注意してほしいのは9番である。「中」はより遅い時間とより早い時間をいずれも指すことができる。これが，「middle→Later/Earlier」の意味である。

　Yu（2012）に従うと，表5.1の対象物も参照点も時間である場合（8番~10番）は，2分割型（Two-Level）と3分割型（Three-Level）の概念化様式に分けられる（表5.2）①。一か月を前半と後半に分ける場合が2分割型で，上旬，中旬，下旬に分ける場合が3分割型である。表5.2の表現は対象物も参照点も時間である場合であり，「月」のような時間単位の内部構造の位置関係を指示するものである。例えば，"上半月"（月の前半）は「月」という時間単位の前半部分を指しており，話者の位置（視点）には依存せずに時間関係を指すことができる。

---

① 蔡（2008：45）は，時間単位を2等分（"上半年・下半年"（半年前・半年後）），3等分（"上旬・中旬・下旬"（上旬・中旬・下旬）），3つの独立の単位からなる全体を3等分（"上月・这月・下月"（先月・今月・来月））の3パターンに分類している。

表5.2 「月」のレベル2型の概念化様式とレベル3型の概念化様式（Yu 2012: 1351）

YUE 'MONTH' AS A PERIOD OF TIME

Two-Level	Three-Level
上半月	上旬
shang-ban-yue	shang-xun
upper-half-month	upper-ten. days（of a month）
first half of a month	first ten days of a month
	中旬
	zhong-xun
	Middle-ten. days（of a month）
	second ten days of a month
下半月	下旬
xia-ban-yuesecond	xia-xun
lower-half-month	lower-ten. days（of a month）
half of a month	last ten days of a month

次に，表5.1における，対象物が時間で参照点が話者（Ego）の場合（11番~13番）を見てみよう。この場合，ある特定の場合に話者（Ego）は「ここ」または「中間の段階」に一致する。このタイプの時間認識では，11番のように「上」が「過去」に写像され，12番のように「ここ」「中間」が「現在」に写像され，13番のように「下」が「未来」に写像される。次の（118）は上下軸が未来と過去に写像された例である。

(118) 阅读　可以　上　溯　远古　　　　　下　及　未来。
　　　Yuedu keyi shang su yuan-gu　　　xia ji weilai.
　　　reading can up stace remote-ancient. times down reach future

179

'Through reading one can trace back (lit. up trace) to the remote antiquity and reach forward (lit. down reach) to the future.' （Yu 2012：1350）

(118)に例示されるような，対象物が時間で参照点が話者(Ego)の場合(表5.1では11番~13番)は，表5.3のように整理される(Yu 2012：1351)。表5.3は，例えば，"上月"(先月)のように話者(Ego)の位置，つまり，現在時を基準とした時間を指す表現である。

表5.3　現在時を基準とした上下の時間表現

Level	Week₁	Week₂	Month	Semester	Century
Upper2	上上星期 *shangshang xingqi* upper. upper week week before last		上上月 *shangshang yue* upper. upper month month before last		
Upper1	上星期 *shang xingqi* upper week last week	上周 *shang zhou* upper week last week	上月 *shang yue* upper month last month	上学期 *shang xueqi* upper semester last semester	上世纪 *shang shiji* upper century last century
Here/Middle Ego	这星期 *zhe xingqi* this week	这周 *zhe zhou* this week	这月 *zhe yue* this month	这学期 *zhe xueqi* this semester	这世纪 *zhe shiji* this century
Lower1	下星期 *xia xingqi* lower week	下周 *xia zhou* lower week	下月 *xia yue* lower month	下学期 *xia xueqi* lower semester	下世纪 *xia shiji* lower century

<<<　第五章　上下軸の時間表現に見られる時間認識の仕方

続きの表

Level	Week₁	Week₂	Month	Semester	Century
Lower2	next week 下下星期 xiaxia xingqi lower. lower week week after next	next week	next month 下下月 xia. xia yue lower. lower month month after next	next semester	next century

最後に，表5.1における，対象物と参照点が共に人間(Ego)である場合(14番と15番)である。このパターンの写像は時間を対象物とするTime-Rのグループよりも写像の生産性が低いが，(119)はこのパターンに当たる。

(119) a. 上輩 shang-bei(upper-generation) 'ancestors; forebears; elder generation of one's family; one's elders'

b. 平輩 ping-bei(level-generation) 'people of the same generation'

c. 下輩 xia-bei(lower-generation) 'future generations; offspring; younger generation of a family'

(Yu 2012：1352，一部改変)

Yu(2012)は，前後軸と上下軸の時間表現に関してTime-RとHuman-Rという同じ基準を用いて分析しており，他の先行研究と比べて比較的包括的な分析になっている。しかしながら，(120a)の"10点前后"が容認され，(120b)の"*10点上下"が容認されないことが示唆しているように，前後軸と上下軸は全く同一に扱うことに

181

は無理があるだろう。実際，(121) と (122) に示すように，上下の時間表現と前後の時間表現の中には明らかに振る舞いが異なるものがある。

  (120) a. 10点前后　　　　　(10時頃)
     b. *10点上下
  (121) a. 他比你先回家。　　(彼はあなたより先に帰る。)
     b. *他比你上回家。
  (122) a. 他在你之前回家。　(彼はあなたの前に帰る。)
     b. *他在你之上回家。

 ここで，明確にしておきたいことがある。それは，一見同じように見えても，時間認識が一次的でそれに伴って順序認識が生じる場合と順序認識が一次的でそれに伴って時間認識が付随する場合の2種類がいわゆる時間認識にはあるということである。例えば，(121a) の"先"は順序を表しており，この場合は，(121b) に示すように"上"は使えない。同様に，(122a) の"前"も順序を表しており，この場合も，(122b) に示すように"上"は使えない。それでは，この差異を生み出すものはいったい何であろうか。もちろん，(121) も (122) も同じように順序認識と時間認識を前提としている。それにもかかわらず，"前""先"と"上"の間に用法上の差異が見られるのは，時間認識と順序認識のどちらが一次的でどちらが二次的であるかの違いである。"前"と"先"の場合は時間認識が前景化されて一次的と捉えらおり，順序認識は背景化されているのに対し，"上"の場合は順序認識が前景化されて一次的と捉えられており，時間認識は背景化されているのである。(121) や (122) のように時間を表す場合には"上"

<<< 第五章　上下軸の時間表現に見られる時間認識の仕方

は用いられないのは，"上"によって感じられる時間認識が二次的なものだからである。このように，時間認識と順序認識の前景化(背景化)の観点も取り入れて議論すべきである。

5.3.3　上下軸の特異性

　前節の最後で，(120)(121)(122)における前後軸と上下軸の差異について取り上げた。これによると，少なくとも，前後軸と上下軸は全く同じように時間を表しているわけではないことが明らかとなった。本節ではこの点に関する事実関係を確認しておきたい。

　一般に，空間概念を用いて時間概念を表す時間メタファーでは，空間領域から時間領域へのメタファー写像が行われるとされている。例えば，すでに(120a)で示した「10時頃」を表す中国語の"10点前后"は，(123a)の空間表現に対応する時間メタファーである。このように，時間メタファーについて検討するためには，まず，空間概念を整理しておく必要があるため，既に2.4節で説明してあるが，もう一度ここで三次元空間を表す三軸について確認しておく。図5.11に示すように三次元空間は3本の軸(X軸，Y軸，Z軸)で表すことができ，空間上の位置関係は，基本的に，これらの三軸上に位置付けられる。たとえば，三次元空間上の位置を表す(123)のような表現は，それぞれ前後・左右・上下の3つの軸上に位置付けられ，「10くらい」「およそ10」を意味している。

　　　(123) a. Z軸上的数字10前后。(Z軸上の10前後)
　　　　　　b. X軸上的数字10左右。(X軸上の10左右)
　　　　　　c. Y軸上的数字10上下。(Y軸上の10上下)

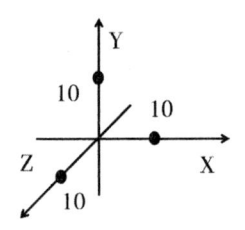

基于空間的时间表达认知模式研究 >>>

図5.11　空間の三軸（cf. 図2.2）

　通言語的に見て，空間領域の前後軸や左右軸が時間を認識する際に利用される事例は多い。例えば，(120a)で示した"10点前后"（10時頃）は，この空間座標上の前後軸(＝Z軸)を用いて時間を表していることになる。その一方で，上下軸が時間認識に用いられることはあまり多いとは言えない。その点，中国語は，前後軸・左右軸に加えて上下軸まで広範な時間認識を利用している点でユニークである（Boroditsky 2001；Fuhrman et al. 2011など）①。

　ただし，そのような中国語においても，当然，この三軸を用いた表現はそれぞれ異なった特徴を示す。特に本書で注目したいのは，(124)に示すように，上下軸だけが「10時頃」を表すことができない点である。(123c)に示したような空間表現ならば"10上下"は「10くらい」「およそ10」を表すことができるにもかかわらず，(124c)に示すように，時間表現においては"*10点上下"は「10時頃」を表すことができないのである。

　(124)　a. 10点前后（＝120a）

---

①　これら以外にも，第4章ですでに紹介したように，認知言語学的なアプローチではないが，中国語の"前后，左右，上下"の用法や分布の整理を行った研究がある(张 2004；牛 2004；张 2009など)。

184

b. 10 点左右
c. *10 点上下（= 120b）

　加えて，空間の三軸に用いられる参照枠もそれぞれ異なる傾向がある。前後軸(Z)は内在的参照枠を用いて「前，後ろ」の位置を判断する傾向があり，左右軸(X)の場合は相対的参照枠を用いて「左，右」を判断する傾向があり，上下軸(Y)の場合は絶対参照枠を用いて「上，下」を判断する傾向があるのである。このように，空間の三軸に用いられる参照枠の傾向はそれぞれ異なる。そのため，空間三軸が時間領域に写像される際にも，この参照枠に関する認知様式の傾向が引き継がれる可能性は否定できない。つまり，前後の時間関係，左右の時間関係，上下の時間関係を判断する際にも，異なる認知プロセス（参照枠）が用いられている可能性があるのである。（124）が示している事実は，空間から時間へのメタファー写像の際に，"上下"だけに何らかの特別な制約がかかることを示唆している。つまり，時間認識においては，上下軸の位置を認識する認知プロセスが前後軸や左右軸上の位置を認識する認知プロセスと大きく異なっている可能性があるのである。

5.3.4　前後軸・左右軸を用いた時間表現の認知プロセス

　上記の予測を踏まえて，この節では，あらためて，前後軸・左右軸を用いた"～点前后""～点左右"という時間表現に関わる認知プロセスを図式を用いながら確認していきたい。

　空間領域における前後軸と左右軸は，時間領域にメタファー写像されるが，もちろん，前後軸と左右軸の時間メタファーの背後にある認知プロセスが全く同じであるというわけではない。例えば，Radden

(2011：4) は，中国語話者は3つの空間軸（前後軸・左右軸・上下軸）をメタファー的に用いて時間概念を表すとしながら，前後軸は身体性により方向性が与えられ，上下軸は地面や重力により方向性が与えられ，そして，左右軸は対称的であるため方向性は持たないと述べている。これに従えば，"6点前后"と"6点左右"は客観的には同じ状況を表しているが，背後にある認知プロセスが異なるため捉え方が異なっていることになる。

　この考察に基づいて時間領域で用いられる"前后""左右"に関する時間認識の様式を以下のように図示する。それぞれ，実線矢印は移動を，破線矢印はメンタルスキャニングを，点線矢印はメンタルスキャニングの対象範囲を表している。

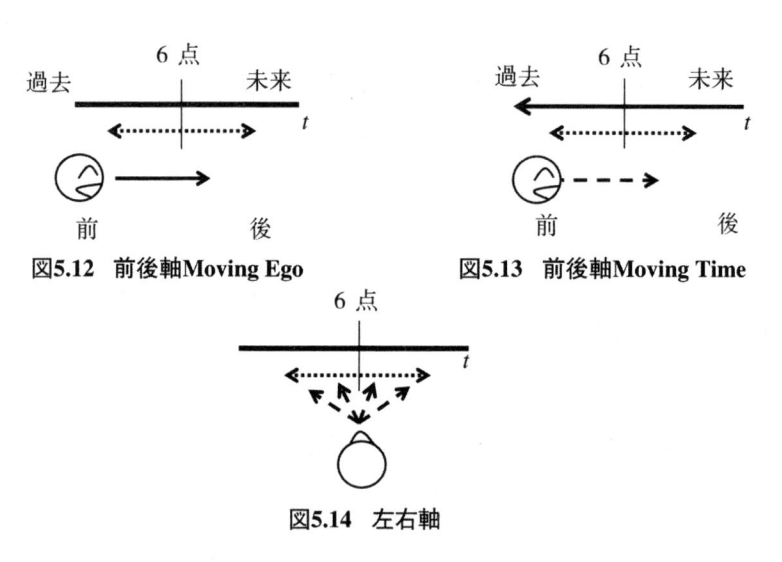

図5.12　前後軸Moving Ego　　図5.13　前後軸Moving Time

図5.14　左右軸

　"6点前后"の場合，ME：Moving Ego(主体移動型)（図5.12）とMT：Moving Time(時間移動型)（図5.13）のどちらのメタファーも用いることができる。ただし，これらのメタファーによる認識は時間が動くか認知主体が動くかという点で異なってはいるが，参照点を基準とした

186

<<<　第五章　上下軸の時間表現に見られる時間認識の仕方

場合，どちらを用いた場合でも結果は同じになるため実際にはMEとMTの差異はあまり感じられない①。例えば，図5.12のMEメタファーの場合，動かない時間軸tの上を自己が未来へと移動していく時間認識であり，自己から動線上にある参照点(6時)を見ることになる。時間tに矢印がつけられていないのは，時間tが静止していることを表すためである。この場合，空間認識において参照点の"前"が自己に近い空間を指すことになるのと同様，時間認識においても"6点前"は6時に対して過去の時間を指すことになる②。一方，図5.13のMTメタファーの場合，移動体としての時間が未来から動かない自己に向かって動いてくる時間認識である。このように移動する物体として時間を捉えたMTメタファーの場合には，参照点よりも前方を指す"前"は参照点よりも過去の時間帯を表すことになる。そのため，図5.13のMTメタファーを用いた"6点前"も6時に対して過去の時間帯を表すことになる。つまり，"6点前"はどちらのメタファーで捉えたとしても同じ時間帯を指すことになるのである。したがって，"6点前后"と言う場合，MEとMTのどちらのメタファーで捉えたとしても，点線で図示されたメンタルスキャニングは，"6点"を中心としてその周りを前後

---

① もちろん，"前""后"が参照点を基準とせず自己を基準として用いられた場合，つまり直示的用法の場合には，MTとMEでは結果は異なってくる。基本的に，MEの場合は"前"は未来を表し，MTの場合は"前"は過去を表すことになる。例えば，"前途"(未来)はMEなので未来を，"一周前"(一週間前)はMTなので過去を指している。詳しくは，3.2.2節で挙げたYu (2012) を参照。
② 補足すると，Mooreの枠組みによる説明では，ME，EMTの場合の"前"は，自己と参照点との関係において相対的に決定される領域を指すが，SEQUENCEメタファーの場合では，"前"は自己の位置とは無関係に移動体である時間列の進行の方向を指す。

187

することに変わりはない①。

一方，図5.14に示す"6点左右"の場合は"前后"とは大きく異なっている。視点は時間軸の外にあり，典型的な配置では視線は時間軸 t と直交している。重要なことは，対称性を持つ"左右"はそれ自体は方向性を持たないため，メンタルスキャニングによる時間認識も方向性を持たないことである。つまり，図5.14には未来と過去を決定するために必要な方向性がないのである。そのため，どちらの方向が未来なのかどちらの方向が過去なのかを決めるすべがない。時間軸 t が矢印になっていないのはこの無方向性のためである。

以上，"〜点前后"と"〜点左右"という表現を可能にしている認知プロセスおよび事態認識のあり方を図示した。"〜点前后"と"〜点左右"の差異はメンタル・スキャンニングの範囲にも差異が見られることである②。そして，この事態認識のあり方に見られる方向性の有無が下に示すような言語表現の差異を生み出すのである。

(125) a. 6点前/6点后（6時前/6時過ぎ）
　　　 b. *6点左/*6点右（*6時左/*6時右）

---

① 図5.12，図5.13においては前後軸上でメンタル・スキャニングが行われるが，スキャニングを行う認知主体が前後軸上に位置している，つまり，視点は時間軸内にあるので，図5.14の左右軸のようにメンタル・スキャニングを図示するのは技術的に不可能である。したがって，図示の仕方は異なるが，図5.12，図5.13においても，図5.14と同様のメンタル・スキャニングが行われていると理解してほしい。

② もう一つの違いとして，前後のメンタルスキャニングのほうが左右のメンタル・スキャニングより範囲が広いという可能性が考えられる。遠くを眺めるという行為を想像してみれば明らかであるが，前後のメンタルスキャニングの場合は，無限に奥行きのある空間をスキャニングできる。一方，左右のメンタルスキャニングの場合，水平方向の視野は非常に限られているため，スキャニングの範囲も狭いものになる。

特に，"6点左右"が存在するのにもかかわらず "*6点左" "*6点右"とは言えないのは，図5.14に示す左右軸の持つ無方向性によるものである。そして，おそらく，通言語的に見て空間領域の左右軸が時間領域にメタファー写像されることが少ないのは，時間の持つ方向性と左右軸が持つ無方向性が構造上対立しており，メタファー写像に必要な構造の維持ができないためであると思われる。

5.3.5　上下軸に見られる順序認識による順序用法

5.3.5.1　上下軸を用いた順序表現

続いて，時間表現 "*~点上下" が容認されない理由を検討してみたい。左（2007）をはじめとする多くの先行研究（藍2005；徐2008など）では，時間関係を表す中国語の "上" "下" は時間を上から下へと流れているものと捉えるメタファーが関わっているとされている。つまり，これらの先行研究では，上下軸は前後軸や左右軸と同様の時間メタファーが関わっていると考えるのである。

一方，本書では，上下軸を用いて時間を表現する際に関わっているメタファーは，前後軸や左右軸とは異なっていると考える。そのように考える理由を示すために，「くらい」「頃」を表す中国語の "上下" を用いた時間表現をもう少し詳しく見てみよう。実は，「くらい」「頃」を表す "上下" がまったく時間表現に用いられないというわけではない。例えば，（126a）と（126b）に示すように，「6回目」「八月」のような場合は "上下" が容認されるのである。つまり，「くらい」や「頃」を表す "上下" は時間に関わる表現に全く用いられないというわけではないのである。そのため，ここで問うべきなのは，一見するとほとんど変わらない（126a，b）と（126c）の容認性の差異

はどこから来るのかということになる。

(126) a. 往来数次，到得<u>第六次上下</u>，推门出时……（…何回も往復する際，<u>6回目くらいに</u>，ドアを開けると…）（《剑三：府主别传》7章）

b. "那年成华爷登极改元，择在<u>八月上下</u>幸学，凡二千里内的监生，不论举贡俊秀，俱要行文到监……"（成華爺が皇帝になった年に，その人は皇帝の身分で，<u>8月くらいに</u>政府が開いている官員を育てる教育組織を見回っている…）（《醒世姻缘传》）

c. *<u>6点上下</u>（<u>6時ぐらい</u>）（=（107））

上記の問いに対する本書の答えは，(126c) は純粋な時間を表しているのに対し，(126a, b) は純粋な時間ではなく順序を表している点で異なっているとしたい。実際，(126a) の「6回目」は文字通り順序を表し，(126b) の"八月"も8番目の月という意味で順序を表していると解釈できる。「何月」という表現は，連続体としての時間内のある位置を指すのではなく，明確に区分された月の順序体系内の何番目かを表しているのである。これは「何時」という表現とは本質的に異なっている。(126c) の「6時」は順序を表すとは考えられない。「6時」は連続体としての時間の一点を指すが，その一点は前後の時間帯と不可分な連続体をなしているからである。実際，月の体系においては，「6月」の次は「7月」であるが，時の体系においては，「6時」の次は7時ではない。時間の体系は連続的であるため，「6時」の次は「6時00分00秒…」のように「6時」の次に来る時間を確定することはできない。以上のことから，時間のような連続

体は川のような連続性を持った存在で喩えることができるが，非連続的な性質を持った順序概念は川のような連続体に喩えることができないと言える。メタファー写像において構造が維持されないからである。

5.3.5.2　Mooreの時間メタファー論による分析の問題点

前節の観察を一般化すると，中国語話者は純粋な時間ではなく順序を認識する際に"上""下"を用いているという仮説が立てられることになる。そこで，本節では，Moore（2006，2014）の枠組みに基づいて，この順序認識が時間メタファーによって説明できるかどうか検討する。

Moore（2006，2014）が提案しているSEQUENCE IS RELATIVE POSITION ON A PATHは順序関係を捉える時間メタファーである。もし中国語の"上""下"を用いた時間表現に順序認識が関わっているとするならば，このSEQUENCEメタファーを用いて（125）のような表現が説明できるはずである。SEQUENCEメタファーでは，経路上にある時点または出来事の相対的な位置関係によって時間関係が把握される。そして，Moore（2006，2014）の説明では，複数の出来事や時点がその生起や実現という到着点に向かって移動することになる。そのため，先に到着する出来事が早く出現し，後に到着する出来事が遅く出現することになる。言い換えると，早く出現した出来事は遅く出現した出来事よりも相対的に過去となり，遅く出現した出来事は早く出現した出来事よりも相対的に未来の出来事ということになる。したがって，図5.15に示すように，矢印の示す方向が過去となり，反対側が未来となる。例えば，「1時は3時の前だ」の場合，1時は3時よりも早く出現するので1時は3時よりも相対的に過去の時点を表すことになる。

重要なのは，このSEQUENCEメタファーでは，矢印の指す方向が過去になるということである。

過去 ←- t -1- ◯ -3- - 4- - 未来

図 5.15　SEQUENCEメタファー

しかしながら，この説明は中国語の"上""下"に関しては当てはまらない。なぜなら，このメタファーの説明では，上から下への時間の移動を仮定した場合，時間の矢印は下方向を指すことになり，結果として"下"が相対的過去，"上"が相対的未来を表すことを予測する。ところが，実際はその逆で，"下"が相対的未来，"上"が相対的過去を表す。つまり，このメタファーを中国語に当てはめると，"下周"が「先週」，"上周"が「来週」を意味することを予測することになるが，実際には，"下周"が「来週」，"上周"が「先週」を表しているのである①。

また，本多（2011：42-43）はMooreの分類は不十分であるとし，McTaggart（1908, 1993）の理論を援用している。McTaggart（1908）によると，時間は三系列に分類できる。〈過去〉〈現在〉〈未来〉の3項からなるものがA系列，早遅（earlier/later）関係からなるものがB系列，時間性を持たない順序ないし配列からなるものがC系列である。McTaggart（1908）は，さらに，時間の根源はA系列であり，B系列はC系列にA系列が重なることによって生じると述べている。つまり，

---

①　もちろん，出来事の移動が下から上へ進むという可能性はある。この場合は，"上"は相対的過去を表すことになるので，"上周"は先週を指すことになる。しかしながら，この可能性は経験的基盤を持っているとは考え難いので，本研究では追求しない。

<<<　第五章　上下軸の時間表現に見られる時間認識の仕方

早遅の概念は時間上の位置(過去・現在・未来)の概念と純粋な順序の概念の組み合わせからなるというのである。Mooreの3分類(MEメタファー，EMTメタファー，SEQUENCEメタファー)をこれに当てはめてみると，「A系列」と「B系列」の範囲にしか該当しない。Mooreの一連の研究はC系列を取り上げていないのである。

　本書では，上下の時間表現の一部は，McTaggartの分類でいうところのA系列やB系列ではなく，C系列に基づいていると考える。ここで注意しなければならないのは，本書ではMcTaggart (1908) の時間性を持たない「順序」ないし「配列」を時間概念の中に分類することには同意せず，「時間に付随する順序」と「順序に付随する時間」を明確に区別する立場をとる。McTaggart (1908) のいうC系列における順序の方向性は自由である。例えば，「DEF」，順序処理自体に方向性がないため，「D→E→F」という方向と「F→E→D」という方向の二つの方向で処理することが可能である。つまり，「DEF」には順序はあるが，その方向は指定されていないのである。そして，どの方向性を持つことになるかは，認知主体が「DEF」をどのように処理するかに依存する。そして，認知主体が方向性を持った順序処理を行う際，時間を伴った認識に至るのである。つまり，この方向性を持った順序認識を通して時間認識が生まれると本書では考えるのである。そして，これが本書が主張している書字体系からの順序認識が生まれたと考える理論的根拠になる[1]。

　以上の考察から，中国語の"上下"を用いた時間表現には純粋な時間ではなく出来事の順序を表す用法があり，この順序用法はMoore (2006，2014) が提案しているSEQUENCEメタファーでは説明できな

---

[1] これに関しては，5.3.6節「順序認識の由来」で詳細に述べる。

いことがわかった。

5.3.5.3　上下軸の認知プロセス

前節までの考察を受けて，本節では，中国語の時間表現に見られる"上下"には，図 5.12，図 5.13，図 5.14，図 5.15の時間認識とは異なった認知プロセスが働いていると提案したい。ただし，本書の提案をする前に，左（2007）の図式を検討しておく必要がある。左（2007）は上下軸を用いた中国語の時間表現の背景に図 5.16のような認知プロセスを仮定し，"前后""左右"と同様，"上下"の場合も時間メタファーであると主張している。左（2007）は，時間は縦の軸に沿って垂直に上から下まで流れるとし，この時間の流れを図 5.16の矢印 t によって表している。この流れでは，上が過去 p で下が未来 f という方向性を持ち，認知主体 v はそれをメンタルスキャニング（点線の矢印）することによって把握することになる。

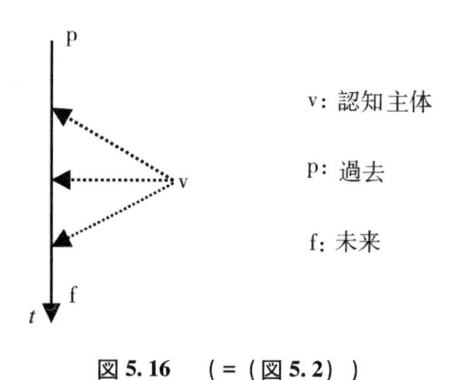

図 5.16　（ =（図 5.2））

注意しなければならないのは，蓝（2005）と潘（2008）の認知図式と左（2007）の図式（図 5.15）は同じではないということである。時間表現に現れる"上下"は，蓝（2005）と潘（2008）の分析では斜面を

194

流れる川の上流・下流のことであり，左（2007）では滝のように垂直に流れ落ちる水を想定している。

　しかしながら，いずれのメタファーを用いたとしても，"第六次上下"（6回目くらい）や"8月上下"（8月ぐらい）が容認されるにもかかわらず，"*6点上下"（6時ぐらい）が容認されない理由を説明することはできない。それは，5.3.5.1節で詳しく検討したように，時間表現に現れる上下軸は非連続的な順序認識を表すためであり，水のような連続体で捉えることはできないからである。つまり，非連続的な性質を持つ順序用法は，そもそも，水のような連続体で喩えることはできないのである。

　これに対し，本書では，図5.17のような認知プロセスを提案したい①。図5.17は，非連続的な順序関係を持った静的な事象をメンタルスキャニングで連続的に捉えるという認知プロセスを表している。図5.16との違いは，図5.16は動的な連続体としての水を用いて時間を捉えるメタファーであるのに対し，図5.17は非連続的で静的な事象をその事象に内在する順序に従って認知主体が連続的に認識する認知操作である点で異なっている。したがって，時間を上から下へと連続的に捉えているという点では，図5.16は図5.17よりも抽象度が高いというだけで同じ認識を表していると考えることもできる。ただし，図5.16に至る認知的動機づけが水のメタファーに基づいていないという

---

① 本来，認知主体はCとして表記されるが，図5.17では先行研究の図式（図5.16）との対立点を明確にするため，vに統一してある。また，ここでは対比に重点を置いてあるため，図式は簡略化されたものになっている。詳細な図式は後ほど提案する。

点を明示的に示すために本書では図5.17を採用することにする①。

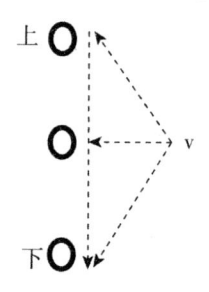

```
上 ◯ ↖
       ⇠⇠ v
   ◯ ⇠
       ⇠⇠
下 ◯ ↙
```

図 5.17　順序認識

図5.17の太線の円は空間上の位置を表し，上から下までの点線矢印はその位置を辿る順序を表している。留意したいのは，認知の客体となっているのは，この円と下向きの破線矢印で表された複合概念（以後，順序体と呼ぶことにする）であることである。注目したいのは，図5.16においてメンタルスキャニングの対象となっているのは動いている動的な移動体としての時間であるが，図5.17においては静的な順序体がメンタルスキャニングの対象になっている点である。たしかに，順序体は時間の推移との相関関係を内在しているが，順序体自体は動的ではなく静的である②。

---

① もちろん，ここで主張しているのは中国語の時間認識に水のメタファーが全く存在しないということではない。ここでの主張は，中国語の時間表現には"上下"が用いられる動機づけが水のメタファーによらないものがあるということである。
② ここでいう動的・静的とは，例えば，「車が西へ走っている。」「高速道路が西へ走っている。」のような認識の違いのことである。前者は，車の物理的な移動があるため動的であると考えられ，後者は，高速道路の物理的な移動がないため静的であると考えられる。

<<< 第五章　上下軸の時間表現に見られる時間認識の仕方

5.3.6　順序認識の由来

5.3.6節では前節で提案した図5.17の順序認識に関する図式を詳細に検討することを通して順序認識を用いた分析の優位性を主張する。以下では，上下を用いた時間表現に関わる認知プロセスを2段階に分け，まず概念レベルで生じる上下の順序認識を検討したうえで，それが言語表現にどのように適用されるかを検討する。

5.3.6.1　概念としての"上下"

図5.17を提案するにあたって，はじめに検討しておかなければならないのは，上下軸に見られる指向性の問題である。時間表現に見られる"上下"は，上が過去で下が未来を表すという指向性がある。時間を川または水と捉えるメタファーを用いた先行研究（藍 2005；左 2007など）では，この指向性を水の性質と重力の関係から問題なく説明できるというメリットがある。水は上から下へ流れるという方向性を持っているため，上が過去で下が未来を表すと説明するのである[1]。

これに対し，本書で提案している図5.17ではどのような説明が与えられるのであろうか。順序体には水のように必ず上から下に向かうという方向性がないため，一見すると，順序体を用いた図5.17の説明は不利であるように思われるかもしれない。しかしながら，1950年代ぐらいまでの中国語の書字体系を考慮に入れた場合，このような問題は生じない。たしかに現在の中国語では水平方向に左から右へ書

---

[1] しかしながら，川や水に基づいたメタファーにおいても，時間が川の流れる方向に同じように流れるとは限らないことが報告されている。例えば，Tzeltal 語，Yupno 語，Nungon 語では，川などの流れる方向とは関係なく，「上」が未来を表し，「下」が過去を表す言語もある（Gaby & Sweetser 2017：644）。

き連ねる（または読み進める）書字体系が標準的であるが，中国建国頃までは文字を書き連ねる方向は上から下であり，この方向性が図5.17の順序体に反映されていたとしても不思議ではないのである①。実際，書字方向が異なる多言語間の調査では，書字方向と時間認識の方向が一致することが報告されている（Fuhrman & Boroditsky 2007；Ouellet et al. 2009；Radden 2011など）②。また，中国語に関しては，上から下への書字体系が中国語母語話者の時間認識に影響を与えている可能性があることがChan and Bergen（2005）やBergen and Chan Lau（2012）などの実験によって示唆されている③。また，Radden（2011：7）は時間表現に見られる"上下"の認識の経験的基盤について，書字体系からの影響があることも指摘しているが，これについて深く議論されていない④。したがって，図5.17の順序体は中国語の書字・読字習慣によって形成されたと考えることは経験的に問題ないと思われる。

このように，書字体系が時間認識に与える影響についてはこれまでにも指摘されてきたが，書字体系が時間認識に影響を与える認知メカニズムについては，これまであまり深く検討されてこなかった。例え

---

① 中国語の書字体系の歴史的変遷については舒（2006：57）を参照。
② これらの研究の紹介はすでに第4章で行ったので，割愛する。
③ ただし，これらの先行研究では時間認識と順序認識の区別はなされていない。
④ Radden（2011）は他の可能性も挙げている。例えば，流れる時間の川（Yangtze Riverの文化的重要性に関わる可能性もある）を描写している可能性もある。また，Evans（2004：235）によると，下り坂などでの下降移動の経験も動機づけになる可能性がある。Yu（1998：111）は赤ちゃんなどの人間が横になって這う時は，頭が前になる（立っていると，「前」が「上」になる）という日常の経験を挙げている。さらにYu（1998：112）は家系図の例を挙げ，家系図においては，古い世代が上で表されるため，*ascendant*（上昇＝祖先）と言い，若い世代は下に表されるため*descendant*（下降＝子孫）というと述べている。ただし，いずれの先行研究もこれらの可能性について詳しく議論していない。

ば，Fuhrman et al.（2011：1317-1325）は書字体系が時間認識に与える影響については時間メタファーが関わっていると述べているが，メタファーが両者をどう結び付けているのかに関しては明らかにされていない。また，Sweetser and Gaby（2017：631-632）も中国語の上下の時間表現が古い中国語の書字方向に動機づけられているのかもしれないと述べているが①，その認知プロセスについては明確にされていない。

これに対し，本書では，移動を前提とした時間メタファーではなく書字・読字体系に伴う順序認識の認知メカニズムを明らかにすることによって，上下軸がどのように時間認識と関わっているのかを明らかにする。これによって，中国語の"上下"を用いた時間表現は，実は，動的な時間メタファーではなく静的な書字体系とそれに伴う順序認識が反映されたものであり，"上下"を用いた時間表現は厳密な意味での時間ではなく，実は，順序を表していると考えられるのである。

以下では，このような書字・読字体系が時間認識に与える影響をLangacker（2008）の主体化（Subjectification）の概念を用いて説明することにする。主体化とは，認識の対象である客体を認識する際に主体が用いていた認知操作がその認知操作を引き起こした客体の要素が希薄化したのちにも継続して用いられるようになることである。例えば，*go across the street*における*across*の概念は，客体の実際の移動とその移

---

① ただし，Sweetser and Gaby（2017：631-632）は，仮に上下の時間表現が書字体系によるものだとしたら，一つの疑問点が生じるとし，次のように述べている。現在中国語はヨーロッパ系の言語と同様に左から右へ書かれている。アラビア語やヘブライ語は右から左へと書かれている。それにもかかわらず，左右の時間メタファー表現はどんな言語にも存在しない。漫画などが左右に読まれるにもかかわらず，「左」が「早」（あるいはその逆）の表現がない。ただし，本研究が第4章で分析したように，中国語には左右の時間表現が存在していることから，この指摘は妥当とは言えない。

動を認識するために用いられる主体のメンタルスキャニングからなるが，*the post office is across the street*という実際の移動がない場合でも，移動を認識する際に用いられた主体のメンタルスキャニングのみが残り，これがこの場合の*across*の意味となる①。そして，このように主体の認知操作だけが残るものを主体化という。また，見方を変えると，この主体化は，客体を認識する際に必要とされない主体の認知操作をあえて客体に適用することと捉えなおすこともできる。つまり，本来，*the post office is across the street*が描写している場面には物理的な移動は一切関わらない静的な状況であるにもかかわらず，そのような場面にあえて*across*という表現を用いること自体が，認知主体がここでメンタルスキャニングという認知操作を用いていることを表すことになるのである。そして，このような主体化により，本来静的である客体に対してもある種の虚構的変化(この例の場合は虚構移動)を見て取ることになるのである。

　中国語話者にとっての書字体系の経験は，この主体化という認知プロセスを経て上から下への順序認識となる。以下では，Langacker (1990：80) のsequential scanningとsummary scanningの図式をもとに，時間の経過に従い書かれた文字が上から下へ向かって増えていく状況とそのように書かれた文字列を上から下へ向かって読む状況を説明する。図5.18は書字体系を経験する際の認知プロセスで，円は文字や数字などの文字記号を表し，円と円の間の二重点線は同一指示を表している。認知主体Cは時間 *t* の経過に従い実際の書くという行為を行

---

① ただしこの*across*の例では，主体化に伴いプロファイルが経路から着点にシフトしている。

<<<　第五章　上下軸の時間表現に見られる時間認識の仕方

う。この時間 t は把握時間（conceived time）[1] といい，文字記号を順次的に把握していく際には，認知主体のメンタルスキャニング（破線矢印）が伴われる。このメンタルスキャニングは上から下に向かって文字記号を読んだり書いたりする際の認知主体の主体的な経験であり，把握時間上の早い方が上に，遅い方が下に対応する関係づけが慣習化される。その結果，図5.19に示すように，実際には把握時間に沿った変化が起こらないような静的な対象を把握する際にもこのメンタルスキャニングが行われるようになる。つまり，図5.18の書くという行為に伴う時間 t が図5.19では消えていることが示しているように，図5.18は物理的な変化を表していない。これは，Langackerの言う希薄化に相当し，この希薄化の結果，文字記号を認識するメンタルスキャニングだけが残っているのである。したがって，これは主体化のプロセスであり，中国語話者が上下軸に沿って並んだ静的な対象を把握する際に上から下へ向かってメンタルスキャニングを行う慣習を形成する。つまり，これが文字などの書かれた記号を読むという行為であり，読字体系に対応する。中国語話者が上下軸に並んだ静的な対象にも上から下に向かって順序を読み取るのはこのためである。

図5.18　書字の経験　　図5.19　順序認識

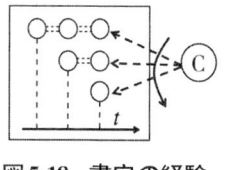

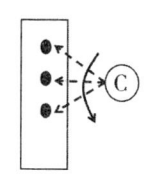

[1]　図5.17で示した「書く」という行為は処理時間と把握時間がほぼ一致している特殊な例である。また，ここでの把握時間 t の矢印の方向はLangacker（1990：80）の図式にならって左から右へとしてあるが，時間が左右軸に沿って移動していることは必ずしも含意しない。

ここで注意しなければならないのは，図5.19の段階では，把握時間はもはや存在しないということである。なぜなら，図5.19において時間を表す水平方向の矢印が捨象されていることが示しているように，順序を認識する際には時間の経過を伴った変化が存在しないからである。順序認識は時間を伴う変化を認識する際に生じたものであるが，その結果としての順序認識には時間性は含まれないのである。つまり，図5.19が表しているのは，上下軸に沿って並んだ静的な対象の位置関係とそれを把握する際に認知主体Cが行った主体的な順序づけである。

5.3.6.2　順序表現としての"上下"

　5.3.6.1節では概念レベルで上下の順序認識が成立する過程を考察したが，この順序認識がどのように時間表現に用いられるようになるのかは検討していなかった。そこで5.3.6.2節では，"上""下"が時間表現に用いられる際の合成構造について検討する。

　図5.20を見ていただきたい。図5.20は，スキーマ的な順序認識（図5.19）と具体的な概念内容を持つ順序体（この場合は週の体系）を組み合わせることにより，"上周"が先週を"下周"が来週を意味するようになる合成構造の仕組みを表している①。

---

① 図5.20だけでは"上周""下周"に見られる直示性についての説明は与えられない。おそらく，メンタルスキャニングを行っている認知主体が直示中心となるのが原初的な認識であることが要因であると考えられるが，今後の課題としておきたい。

<<< 第五章　上下軸の時間表現に見られる時間認識の仕方

図 5.20(a)　"上周"（先週）　　図 5.20(b)　"下周"（来週）

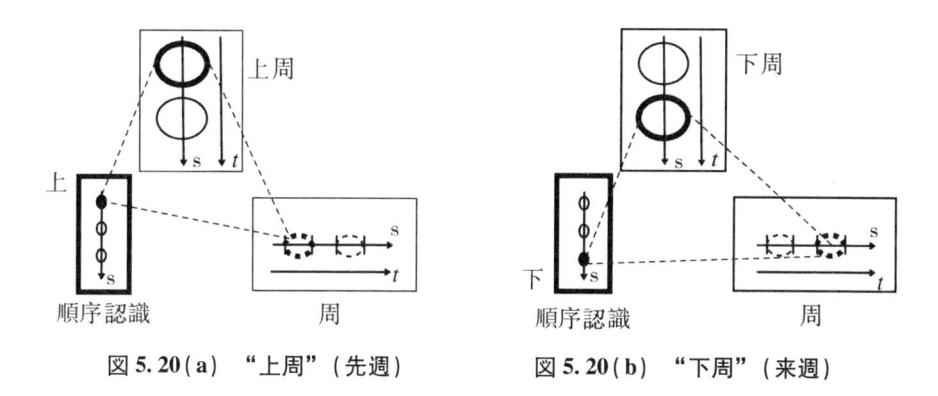

図 5.20（a）（b）のそれぞれの下段左の部分は，図 5.19 と同じものであり"上"から"下"への順序認識を表している。この順序認識は，非常に抽象度の高い，スキーマ的な順序体であるとみなしてもよい。矢印 s が表しているのは，把握時間ではなく順序である。一方，下段右の部分も順序体であるが，こちらは具体性が高い週の体系を表しており，把握時間 t を伴う[①]。"周"は週の体系内の成員をプロファイルしている。このスキーマ的な順序認識（下段左）に週の体系（下段右）が具体的な概念内容を供給する形で合成構造（上段）が作られることになる[②]。下段左が太線ボックスになっているのは，順序認識がプロファイル決定子であることを示している。したがって，合成構造"上周"が表しているのは，順序が早い週ということであり，"下周"が表しているのは，順序が遅い週ということになる。つまり，この合成構造において"上下"は時間ではなく順序体における位置関係を表しているのである。これは，"上下"が表す概念を時間認識に

---

① 「週の体系」それ自体には上から下への方向性のスキーマは存在しないため，図 5.20 における「週の体系」の把握時間 t の向き（この場合は左から右）は全くの任意である。
② 矢印 s が指しているのは順序の方向である。この方向は時間の方向と同じとなるが，ここには図 5.16 のような移動体としての動的な時間は関与しない。

203

基づいているものと考えてきたこれまでの研究とは異なる説明である。実際，スキーマ的な順序体(＝順序認識)に時間概念が含まれないにもかかわらず，合成構造である"上周"（先週）において時間認識が感じられるのは，"上"に時間認識が内在しているのではなく，具体的な概念内容を供給する週の体系において順序性(矢印 s)と時間性(矢印 t)が不可分に結びついているからである。

したがって，これまで時間表現とされてきた（127）のような表現における"上""下"は，実際には，順序を表すということになる。図5.20に示すように，"上""下"が表すスキーマ的な順序認識に具体的な概念内容を提供する"年・月・周①"のような概念において，順序性と時間性が不可分に結びついているため，いわば，副産物として"上""下"に時間性が感じられるだけなのである。そのため，概念内容に時間を含まない語と"上下"が合成された場合には，時間性は感じられない。例えば（128a）で示されるように，順序性を強く感じる場合であり，（128b）のスポーツなどの順位を表す際に"第6名上下"（6位くらい）と言った場合には，時間性は全く感じられないのである②。"上""下"は本質的に順序と結びついており，それは，中国語の書字体系を経験的基盤に持つ主体化によって生じたものなのである。

---

① "年"に関しては，"上年""下年"という表現も問題なく用いられるが，"去年""明年"という表現の方が一般的である。また，一般的には，中国語には「日」を表す表現が2つあるが，どちらも"上"と合成されて早い時間帯を表すことはない。これは"月"などと大きく異なる点である。理由は，"上天"は神様を，"上日"は古語で旧暦の毎月の一日を表すためにすでに用いられており，語彙的ブロックがかかっているためであると考えられる。

② これに関して，《现代汉语学习词典》には""上下"前面的数量词必须是个确切的数目"（"上下"の前に出る数量詞は必ず明確な数である）という記述がある。これは本研究の主張の傍証になると思われる（鄭2019：128）。

<<<　第五章　上下軸の時間表現に見られる時間認識の仕方

(127) a. 上月(先月)―下月(来月)
　　　b. 上星期(先週)―下星期(来週)
　　　d. 上旬(上旬)―下旬(下旬)(左2007：59)
　　　e. 上午(午前)―下午(午後)(左2007：59)
　　　f. 上半夜(夜12時前)―下半夜(夜12時過ぎ)(左2007：59)
　　　g. 上半场(試合の前半)―下半场(試合の後半)(左2007：59)
(128) a. 第六次上下(「6回目ぐらい」)／上一次(前回)
　　　b. 第6名上下(「6位ぐらい」)／上一名(前の番)

　他に，(129)のような表現でも，順序認識が強く感じられる。例えば，"上上星期"や"下下星期"などの表現も，"上"を繰り返せば「先々週」と順序が2つ分遡ることになり，"下"を繰り返せば「再来週」と順序が2つ先へ進むことになる。このことも"上""下"は本質的に順序と結びついていることを示している。

(129) a. 上上星期(「先々週」)／下下星期(「再来週」)
　　　b. 上上月(「先々月」)／下下月(「再来月」)

　ここで注意しなければならないのは，順序認識から生み出された順序表現と時間認識から生み出された順序表現では異なっていることである。そして，空間の位置関係を順序として認識する順序用法は，(130)(131)のような時間関係を表す文には適合しない。"上"を用いた(130b)(131b)が容認されないのはそのためである。仮に，時間性なしの純粋な空間上の位置関係を認識する際に用いられる順序認識に付随して生まれた順序用法が順序的時間関係を表すのに対し，出

来事を時間軸に沿って認識する際に付随する順序認識によって生まれた順序用法は時間的順序関係を表すとすると，書字体系に動機づけられる"上""下"は順序的時間関係を表すと考えられる。(130b)(131b)のような表現が容認されないのは，これらの文が時間的順序関係を表しているからである。実際，(132)に示すように時間性のない順序関係を表す場合は，"上""下"が用いられる。

(130) a. 他比你先回家。(彼はあなたより先に帰る。)
　　　b. *他比你上回家。(= (121))
(131) a. 他在你之前回家。(彼はあなたの前に帰る。)
　　　b. *他在你之上回家。(= (122))
(132) a. 上一名(前の方)，下一名(次の方)①
　　　b. 上一个人(前の人)，下一个人(次の人)

なお，誤解を避けるため，本書の提案の留意点について再度強調しておく。本書では，上下の時間表現の一部は時間認識ではなく順序認識から来たものであることを主張したが，上下の時間認識にメタファーによる時間用法が存在しないとまでは主張していない。そのため，上下に関する時間表現を分析する際にはその都度慎重な検討を要する。例えば，潘(2008)は，(133)はMEメタファーの例であり，(133a)の場合は，認知主体が下流にある未来に向かって移動しているのに対し，(133b)の場合は，認知主体が川の流れに逆らって上流にある過去に向かって移動していると述べているが，こ

---

① 中国語の"名"には，(128b)のような，試合や試験などの席次や順位を示す「位」，「番」の意味と，この例文のように，一定の身分や職業を持つ人の数を数える際に用いられる「方」の意味がある。

<<< 第五章　上下軸の時間表現に見られる時間認識の仕方

の（133）については潘（2008）の主張通り，メタファーである可能性は否定できない。

　　（133）a. 可惜，我没有坚持下去，所以有许多读过的著作都忘得一干二净。
　　　　　　（残念ながら，私は頑張ってこなかった。だから，たくさん読んでいた本を完全に忘れてしまった。）
　　　　b. 像是沿着历史长河逆流而上，顿时感到个人的渺小。
　　　　　　（歴史の長い川を遡ると，自分がちっぽけなものであると感じる。）(=（116））

　しかしながら，(133a)の"下去"は，本当にMEメタファーであると結論づけられるのであろうか。本書に従えば，"下去"がメタファー的表現ではない可能性も考えなければならない。実際，"下去"を分解してみると"下"と"去"に分けられるが，未来の意味を表すのは"下"ではなく"去"である可能性もある。これは日本語の「生きていく」などの「いく」がある意味で未来を表すのと同様の現象である。そのように考えた場合，(133a)の"下"は順序を表し，未来の意味は"去"によってもたらされたとする分析も可能なのである。その一方で，(133b)の表現の背後には，明らかに時間が上から下へ流れるというイメージがある。その意味では，これは明らかにメタファーである。ただし，注意しなければならないのは，このメタファーにおいて流れている川は，垂直に落ちる滝のような川ではなく，むしろ水平に流れる川である(cf. 5.2.2節)。

207

5.4　まとめ

　本章では,"*~点上下"が容認されない理由について,次のような提案を行った。時間表現とともに用いられる中国語の"上下"は連続的な時間関係ではなく,非連続的な順序関係を表す。そのため,時間という連続体の一部を指す"~点"は非連続的な順序を表す"上下"とは共起できない。また,"上下"の順序認識(＝スキーマ的な順序体)は,非連続的な書字体系の認識とメンタルスキャニングの主体化から生じるため,時間を水や川のような連続的な移動体に喩える時間メタファーは関与していないという提案も行った①。その意味で,中国語の"上下"を用いた時間表現は,一般的な動的な時間メタファーとは異なるのである。

　本章のもう一つの目的は,時間認識からの順序関係と順序認識からの順序関係を区別すること,つまり,順序認識に伴う付随現象としての時間認識と時間認識における早遅の関係から得られる順序認識を区別することである。これによって,(130),(131),(132)などの表現の容認度の差異が説明できるようになる。

　これまで,中国語と日本語の上下軸を用いた時間表現は,移動体として川を想定する時間メタファーが関与しているという考え方が主流を占めてきた(瀬戸1995；左2007など)。それに対し,本章では,少なくとも中国語の"上下"に関する時間表現の一部にはこのような時

---

①　もちろん,(133b)の事例が示すように,ここでは中国語の時間表現に川のメタファーが存在しないということを主張しているわけではない。

<<<　第五章　上下軸の時間表現に見られる時間認識の仕方

間メタファーとは異なる要因が関わっているものもあることを提案した。このことが示唆しているのは，時間メタファーの研究に際し，複数の認知的要因を考慮に入れる必要があるということである。実際，中国語と同様に，上から下に垂直に書き連ねる書字体系を持つ日本語にも中国語のような書字体系による順序認識の影響が見られる可能性は否定できない①。これに関しては稿を改めて検討する必要がある。

---

　①　もちろん，中国語の順序を表す表現"上回"は，日本語では「上」ではなく「前回」と表すことなどから，両言語では異なった認知プロセスが働いていることは明らかである。

第六章

結　論

　本書の目的は，日本語と対照しながら，中国語の空間三軸(前後・左右・上下)を用いた時間表現の背後にある認知プロセスを解明することである。そして，これらの認知プロセスの考察を通して，人間はどのように時間を認識しているのかという問いに対して，概念メタファーだけではなく，他の認知作用も関わっている可能性があることを指摘した。

　人間の時間認識(人間はどのように時間を認識しているのか)に関しては，空間領域から時間領域へのメタファー写像(＝時間メタファー)によって説明するのが一般的な流れである。時間メタファーで現在最も有力な考え方がMooreが提唱している三分類の時間論である。本書においてもMooreの三分類の時間論(MEメタファー，EMTメタファー，SEQUENCEメタファー)を用いて，三軸の時間表現を分析しようと試みたが，Mooreの理論は空間三軸のいずれを用いる場合にもそれぞれ問題点が残る。例えば，前後軸の場合は，日本語にはMooreの時間論で分析できない時間表現があるという主張をしている先行研究がある。そこで，本書では，Mooreの理論に事態把握の様式を組み合わせることで，これまで説明できなかった様々な事例が説明できると主張した(第3章)。また，本書では，左右軸に関しては，Mooreの理

論を分析に取り入れていない。なぜなら，左右が関係する時間表現は一般的にはないと言われており，Moore 自身も一切議論していないからである。もちろん，第4章で扱ったように，中国語には左右の時間表現が存在するため，本書ではMooreに寄らない独自の分析を試みている。最後に，上下軸に関しては，MooreのSEQUENCEメタファーだけでは中国語の上下の時間表現のすべてを説明できないことがわかった。それに対し，第5章では，中国語の上下軸を用いた事態認識にはSEQUENCEメタファーでは説明できない事例があることを示し，書字体系に動機づけられた新たな順序認識を仮定する必要があると主張した。

　このように，本書では，主にMooreの三分類説を引き合いに出しながら，空間の三軸(前後軸，左右軸，上下軸)におけるそれぞれの認識の差異を詳細に考察した。以下はそのまとめである。

　第3章では，前後軸に基づく時間表現の背後にある時間認識について取り上げた。前後軸の場合，人間は時間を動的な移動現象として扱っており，その際，移動するのが時間である場合(EMT)と認知主体である場合(ME)がある。そして，空間領域から時間領域にメタファー写像する際にどちらが移動すると解釈されるのかによって語彙レベルでの用法や意味の差異が生じる。例えば，「先」には「過去」と「未来」という両方を表すことができるが，その原因は何を移動体と見なすかによるのである。また，時間を認識する際には，認知主体の主体性の問題(事態外視点，事態内視点)も関わっている。日本語では事態を外から傍観者的に眺める事態外視点と事態の参与者として事態の中から事態を見る事態内視点の両方を持つのに対して，中国語の場合は事態外視点をとることが多い傾向がある。そのため，中国語の「先」には事態内視点を前提とする過去や未来を表す用法がなく，そ

の代わりに，事態外視点をとる順序用法のみが存在すると説明されることになる。

次いで，第4章では，左右軸に基づく時間表現に関して取り上げた。これまでの先行研究では，人間は概念レベルでは左右軸を用いて時間を認識しているが(Fuhrman and Borodisky 2007; Santiago et al. 2007; Fuhrman et al. 2011; Ouellet et al. 2009; 佐藤 2014 など)，左右軸を用いた言語表現はないとされていた(Radden 2011)。そして，その理由は，時間は非対称的(一方向的)であるのに対し，左右軸は対称的(無方向的)であるという基本的な性質の違いだとされていた。しかしながら，中国語には少なからず左右を用いた時間表現が存在する。そこで，本書では，まず対称的な「左右」がなぜ非対称的な時間を表せるのかという問いから始まり，中国語の左右の時間表現の成立過程について議論した。もちろん，様々な言語の母語話者が左右の時間認識を持っていることはすでに実証されているが，この認識は時間表現にはほとんど現れず，先行研究ではほとんど検討されてこなかった。本書では，対称性を持つ左右が中国語ではなぜ時間を表せるようになったのかという疑問に対しては，左から右へ書くという書字体系が対称性を持つ左右軸に影響を与え，その結果，左右に非対称性(一方向性)が生まれるようになり，これにより時間表現が可能となったと提案した。そして，概念レベルの左右の時間認識が言語レベルの時間表現にまで至るようになったのは，認知主体の身体の一部の客体化が起こったためであると結論づけた。この場合の客体化とは，認知主体の左右の手が概念化の対象としてステージの上に上がり言語化されるようになり，最終的には左右の手の隣接空間までもが概念化の対象としてステージOSに上がり言語化されるようになっていく過程のことである。

<<< 第六章　結　論

　もちろん，中国語の左右の時間表現はまだ少ない。ただし，それは左右の書字習慣が歴史的にまだ短く，中国語に慣習化してからまだ日が浅いからである。それと同時に，前後軸や上下軸を用いた他の時間表現が中国語では十分に発達しているため，それらが左右の時間表現の新規参入を拒んでいるという側面があることも忘れてはならない。実際，歴史が浅い左右の時間表現はまだ慣習化が十分に進んでいない。そのため，左右軸は"前天""上周"などの語彙としてではなく，新奇な文のレベルの表現としてのみ用いられる。

　最後に，第5章では，上下の時間表現の背後の認知プロセスを取り上げた。従来の研究では，上下の時間表現では川に喩えられ時間が上から下へ流れるとされてきた。それに対し，本書では，川のメタファーの認識は二段階の手順で考える必要があると主張した。まずは，日常生活で直接経験する川は，上から下に流れる川ではなく，水平に移動する川である。そのような川に対し，通常，水は上から下へ向かって流れるという重力に関する知識を組み合わせることにより，水の流れてくる方向が「上」，水が流れていく方向が「下」という認識を得ることができる。このことは実験の結果からも示唆されている。このように，二段階の手順で形成された認識であるため，川のメタファーを用いて時間を認識するとしても，時間は必ずしも上下軸に沿って上から下へ流れることにはならない。

　また，川または水のメタファーによって中国語の時間認識を理解しようとする試みに対して，本書では，そもそも中国語の一部の上下の時間表現は時間認識ではなく順序認識に基づいているという主張を行った。この主張を裏付ける重要な事実として，およその値を表す"X上下"構文において，Xにこれるのは"月"や"回"などの順序を単位とする語彙のみであり，"点"（「時」）のような非順序的

な時間単位は容認されないことが挙げられる。ただし，順序と時間を明確に分離できる場面は非常に少ないため，明らかに順序単位と言える上下の時間表現の事例はかなり少ない。それでも，この少数の証拠からいわゆる上下の時間表現の中には，実際には順序表現も存在すると結論づけることはできる。そして，この順序認識は中国における長い縦書きの習慣が中国語話者の認識に根付いたものと思われる。

　最後に注意しておかなければならないのは，本書で主張しているのは，中国語のいわゆる上下の時間表現の中には実は時間認識ではなく順序認識によるものが存在するということである。したがって，本書では，上下の時間表現すべてに関して川のメタファーは当てはまらないとまでは主張していない。当然，川のメタファーに基づく上下の時間表現はありうる。また，中国語と同様に，日本語にも縦書きの書字体系が古くから存在するにもかかわらず，日本語にはその影響が見られないのはなぜかという問題も残される。これについて今後の課題としたい。

　このように，本書では，日本語との比較を通して中国語の時間表現の背後に潜む複雑な認知メカニズムを探ってきた。そして，本書の意義はまさにそこにある。実は，従来の認知言語学的研究では，往々にして，概念メタファーのみに偏った研究スタンスがとられてきた。しかしながら，本書で明らかにしたように，人間の時間認識はそれほど単純ではない。時間認識とは，人間の日常生活に常につきまとう認識である。そのため，複雑な認知メカニズムが相互に関係し合うと考えるのが，正しい研究態度であるはずである。決して概念メタファーだけで説明のつくものではない。そのような立場に基づいて，本書では，上下の川のメタファーの成立過程で示したような複合的なメタ

ファーの認識の存在や時間認識に付随する順序認識，順序認識に付随する時間認識などの区別の必要性，認知主体の事態把握の様式の違いや認知主体の客体化など複合的な観点から，中国語話者の時間認識のあり方について考察を行った。

参考文献

阿部宏（2000）.「空間から時間へ―さき，あと，まえ」『言語と文化』15：191-204.

Ahrens, K., & Huang, C. R. (2002). Time passing is motion. *Language and Linguistics*, 3, 491-519.

Alverson, H. (1994). *Semantics and experience: Universal metaphor of time in English, Mandarin, Hindi, and Sesotho*. Baltimore: Johns Hopkins University Press.

Baddeley, A. (1966). Time estimation at reduced body temperature. *American Journal of Psychology*, 79 (3), 475-479.

Bergen, B., & Chan Lau, T. T. (2012). Writing direction affects how people map space onto time. *Frontiers in Psychology*, 3, 109.

Black, M. (1962). *Models and Metaphors*. New York: Cornell University Press.

Boroditsky, L. (2000). Metaphoric structuring: Understanding time through spatial metaphors. *Cognition*, 75 (1), 1-28.

Boroditsky, L. (2001). Does language shape thought? English and Mandarin speakers' conceptions of Time. *Cognitive Psychology*, 43 (1), 1-22.

Boroditsky, L., & Ramscar, M. (2002). The roles of body and mind in abstract thought. *Psychological Science*, 13（2）, 185-188.

蔡永强（2008）."汉语方位词及其概念隐喻系统—基于"上/下"的个案考察"北京语言大学博士研究生学位论文.

Casasanto, D.（2008）. Who's afraid of the big bad Whorf? Crosslinguistic differences in temporal language and thought. *Language Learning*, 58, 63-79.

Casasanto, D., & Boroditsky, L.（2008）. Time in the Mind: Using space to think about time. *Cognition* 106, 579-593.

Casasanto, D.（2010）. Space for thinking. In: V. Evans & P. Chilton（Eds.）, *Language, Cognition and Space: The State of the Art and New Directions*（pp. 453-478）. London: Equinox.

Casasanto, D., & Jasmin, K.（2012）. The Hands of Time: Temporal gestures in English speakers. *Cognitive Linguistics*, 23（4）, 643-674.

Casasanto, D.（2016）. Temporal language and temporal thinking may not go hand in hand. In B. Lewandowska-Tomaszczyk（Ed.）, *Conceptualizations of time*（pp. 169-186）. Amsterdam: John Benjamins.

Chan, T. T., & Bergen, B.（2005）. Writing direction influences spatial cognition. *Proceedings of the 27th annual conference of the cognitive science society*, 412-417.

Cienki, A.（1998）. Metaphoric Gestures and Some of Their Relations to Verbal Metaphorical Expressions. In J.-P. Koenig（Ed.）, *Discourse and Cognition: Bridging the Gap*, 189-204.

Droitvolet, S., & Warren H, M（2007）. How emotions colour our perception of time. *Trends in Cognitive Science*, 11, 504-513.

Engberg-Pedersen, E.（1999）. Space and time. In J. Allwood & P. Gardenfors（Eds.）, *Cognitive Semantics: Meaning and Cognition* (pp. 131-152). Amsterdam: John Benjamins.

Evans, V. (2004). *The structure of time: Language, meaning and temporal cognition.* Amsterdam: John Benjamins.

Evans, V. (2007). How we conceptualise time: language, meaning and temporal cognition. *The Cognitive Linguistics Reader*, 733-765.

Evans, V. (2013). Temporal frames of reference. *Cognitive Linguistics*, 24 (3), 393-435.

范继花 (2006). "方位概念"前/后"在汉语中的隐喻运用"《北京航空航天大学学报（社会科学版）》19 (1): 66-69.

Fillmore, C. J. (1997). *Lectures on DEIXIS.* Stanford: CLSI Publications.

Flaherty, M. (1999). *A Watched Pot: How We Experience Time.* New York: New York University Press.

Fleischman, S. (1982). The past and the future: are they coming or going?. *Proceedings of the Eighth Annual Meeting of the Berkeley Linguistics Society*, 322-334.

Fraisse, P. (1963). *The Psychology of Time.* New York: Harper and Row.

Fraisse, P. (1984). Perception and estimation of time. *Annual Review of Psychology*, 35, 1-36.

Fuhrman, O., & Boroditsky, L. (2007). Mental Time-Lines Follow Writing Direction: Comparing English and Hebrew Speakers. In D. S. McNamara & J. G. Trafton (Eds.), *Proceedings of the 29th Annual Conference of the Cognitive Science Society* (pp. 1007-1011). Austin, TX: Cognitive Science Society.

Fuhrman, O., McCormick, K., Chen, E., Jiang, H., Su, D., Mao, S., & Boroditsky, L. (2011). How Linguistic and Cultural Forces Shape Conceptions of Time: English and Mandarin Time in 3D. *Cognitive*

Science, 35（7），1305-1328.

深田智・仲本康一郎．（2008）．『概念化と意味の世界：認知意味論のアプローチ』東京：研究社．

Gaby, A. & Sweetser, E.（2017）. Space-time Mappings Beyond Language. In B. Dancygier（Ed.）, *The Cambridge Handbook of Cognitive Linguistics*（pp. 635-650）. Cambridge：Cambridge University Press.

Gentner, D.（2001）. Spatial metaphors in temporal reasoning. In M. Gattis（Ed.）, *Spatial Schemas and Abstract Thought*（pp. 203-222）. Cambridge：MIT Press.

Gentner, D., & Boroditsky, L.（2002）. As time goes by：Evidence for two systems in processing space time metaphors. *Language and Cognitive Processes*, 17（5）, 537-565.

Glucksberg, S. & Keysar, B.（1993）. How metaphors work. In A. Ortony.（Ed.）, *Metaphor and Thought*（pp. 401-424）. Cambridge：Cambridge University Press.

Glucksberg, S.（2001）. *Understanding Figurative Language*. Oxford：Oxford University Press.

Hoagland, H.（1933）. The physiologic control of judgments of duration：Evidence for a chemical clock. *Journal of General Psychology*, 9, 267-287.

本多啓（2011）．「時空間メタファーの経験的基盤をめぐって」『神戸外大論叢』62（2）：33-56.

池上嘉彦（2011）．「日本語と主観性・主体性」澤田治美（編）『ひつじ意味講座5 主観性と主体性』東京：ひつじ書房，pp. 49-67.

今井むつみ（2010）．『ことばと思考』東京：岩波書店．

井上京子（1998）．『もし「右」や「左」がなかったら―言語人類学

への招待』東京: 大修館書店.

井上京子（2002）.「絶対と相対の狭間で―空間指示枠によるコミュニケーション」大堀壽夫（編）『認知言語学Ⅱ―カテゴリー化』東京: 東京大学出版会, pp. 11-35.

井上京子（2005）.「空間認知とコミュニケーション」井出祥子・平賀正子（編）『講座社会言語1―異文化とコミュニケーション』東京: ひつじ書房, pp. 118-129.

伊藤創（2007）.「空間から時間へ概念メタファーの考察―「先」「前」「後」の分析を通じて―」*KLS* 28, 1-11.

伊藤創（2008）.「「6時に」と「6時で」―空間と時間の関係―」*KLS* 29, 313-323.

岩崎真哉（2010）.「メタファーとメトニミーの認知的分析: 時間表現を中心に」『大阪工業大学紀要人文社会編』55（1）: 1-22.

徐蓮（2010）.「時間メタファーの普遍性と相対性: 上下軸・前後軸・左右軸の競合をめぐって」『言語文化と日本語教育』40: 86-89.

Kemmerer, D. (2005). The spatial and temporal meanings of English prepositions can be independently impaired. *Neuropsychologia*, 43, 797-806.

Kiesel, A., & Vierck, E. (2009). SNARC-like congruency based on number magnitude and response duration. *Journal of Experimental Psychology: Learning, Memory, and Cognition*, 35 (1), 275.

Kövecses, Z. (2002). *Metaphor: A Practical Introduction.* Oxford: Oxford University Press.

小島隆次（2004）.「空間表現語に関わる視覚的要因―3次元仮想空間を利用した心理学実験による「まえ」「さき」「うしろ」に関する検討」『日本認知科学会第21回大会発表論文集』394-395.

国広哲弥（1997）.『理想の国語辞典』東京：大修館書店.

Lakoff, G., & Johnson, M.（1980）. *Metaphors We Live By*. Chicago：The University of Chicago press.（渡辺昇一　他（訳）1986『レトリックと人生』東京：大修館書店.）

Lakoff, G., & Johnson, M.（1999）. *Philosophy in the Flesh：The Embodied Mind and Its Challenge to Western Thought*. New York：Basic Books.

蓝纯（2005）.《认知语言学与隐喻研究》北京：外语教育与研究出版社.

Langacker, R.W.（1990）. *Concept, image, and symbol：The cognitive basis of grammar*. Berlin/New York：Mouton de Gruyter.

Langacker, R.W.（1993）. Reference-Point Constructions. *Cognitive Linguistics*, 4（1）, 1-38.

Langacker, R.W.（2008）. *Cognitive Grammar：A Basic Introduction*. Oxford：Oxford University Press.（山梨正明（監訳）2011『認知文法論序説』東京：研究社.）

Levinson, Stephen C.（2003）. *Space in Language and Cognition*. Cambridge：Cambridge University Press.

益岡隆志（1991）.「受動表現と主観性」仁田義雄（編）『日本語のヴォイスと他動性』，東京：くろしお出版，pp. 105-121.

町田章（2009）.「言語表現に見られる主体性―ラレル構文を例に―」『長野県短期大学紀要』64：103-114.

町田章（2011）.「日本語ラレル構文の形式と意味―認知文法からのアプローチ―」『意味と形式のはざま』大庭幸男・岡田禎之（編），東京：英宝社，pp. 163-177.

町田章（2012）.「主観性と見えない参与者の可視化―客体化の認知プロセス―」『日本認知言語学会論文集』12：246-258.

町田章（2012）.「認知文法の思考法―収束証拠の観点から―」『言語と情報研究プロジェクト』研究会，広島大学，発表資料.

町田章（2013）.「身体的経験者と観察者―ステージモデルの限界―」『日本認知言語学会論文集』13：661-666.

松浦光（2017）.「現代日本語における気象の概念化―概念メタファー理論によるアプローチ」名古屋大学大学院国際言語文化研究，博士論文.

Matlock, T., Holmes, K., Srinivasan, M., & Ramscar, M. (2011). Even abstract motion influences the understanding of time. *Metaphor and Symbol*, 26, 260-271.

McGlone, M. S., & Harding, J. L. (1998). Back (or forward?) to the future: The role of perspective in temporal language comprehension. *Journal of Experimental Psychology: Learning, Memory, and Cognition*, 24 (5), 1211-1223.

McTaggart, J. M. E. M. (1908). The Unreality of Time. *Mind*, 17, 457-474.

McTaggart, J. M. E. M. (1993). The Unreality of Time. In R. L. Poidevin & M. MacBeath (Eds.), *The Philosophy of Time* (pp. 23-34). New York: Oxford University Press. (Originally published in 1927 under the title "Time", as Chapter 33 of The Nature of Existence)

籾山洋介（2010）.『認知言語学入門』東京：研究社.

籾山洋介（2014）.『日本語研究のための認知言語学』東京：研究社.

Moore, K. E. (2000). *Spatial Experience and Temporal Metaphors in Wolof: Point of View, Conceptual Mapping, and Linguistic Practice* (Doctoral dissertation). University of California, Berkeley.

Moore, K. E. (2001). Deixis and the FRONT/BACK opposition in temporal metaphors. In A. Cienki, B. J. Luka, & M. B. Smith (Eds.), *Conceptual* and *Discourse Factors in Linguistic Structures*（pp. 153-167）. Stanford：CSLI Publications.

Moore, K. E.（2004）. Ego-based and Field-based frames of reference in space to time metaphors. In M. Achard & S. Kemmer（Eds.）, *Language, Culture, and Mind*（pp. 151-165）. Stanford：CSLI Publications.

Moore, K. E.（2006）. Space-to-time mappings and temporal concepts. *Cognitive Linguistics*, 17, 199-244.

Moore, K. E.（2014）. *The spatial language of time：Metaphor, metonymy, and frames of reference*. Amsterdam：John Benjamins.

村上郁也（2015）.「新学術領域研究「こころの時間学」の発足」『基礎心理学研究』33（2）：196-198.

中村ちどり（2001）.『日本語の時間表現』東京：くろしお出版.

中村芳久（2004）.「主観性の言語学：主観性と文法・構文」『認知文法Ⅱ』中村芳久（編），東京：大修館書店，pp. 3-51.

楢和千春（1997）.「時間表現における「先」について」『ことばと文化』1：59-67.

西山賢一（1995）.『左右学への招待』東京：風濤社.

牛順心（2004）."对举的方位复合词"《郧阳师范高等专科学校学报》24（1）：108-112.

Noulhiane, M. Nathalie, M, S. Samson, R. Ragot & Viviane Pouthas.（2007）. How emotional auditory stimuli modulate time perception. *Emotion*, 7, 697-704.

Núñez, R. E., & Sweetser, E.（2006）. With the future behind them：Convergent evidence from Aymara language and gesture in the crosslinguistic comparison of spatial construals of time. *Cognitive Science*, 30（3）, 401-450.

沖本正憲（2012）．「身体経験とことば：プライマリー・メタファーの観点から」『苫小牧工業高等専門学校紀要』47：6-35.

小野寺美智子（2018）．「時間メタファーへの認知的アプローチ―日本語の時間表現を中心に―」『拓殖大学論文集』39：16-31.

王安（2013）．「主体化」『認知言語学基礎から最前線へ』森雄一・高橋英光(編)，東京：くろしお出版，pp. 181-202.

Ouellet, M., Santiago, J., Israeli, Z., & Gabay, S. (2009). Multi-modal influences of orthographic directionality on the "time is space" conceptual metaphor. *Proceedings of the 31st Annual Conference of the Cognitive Science Society* (pp. 1840–1845). Austin, TX：Cognitive Science Society.

Ouellet, M., Santiago, J., Israeli, Z., & Gabay, S. (2010) Is the Future the Right Time?. *Experimental Psychology*, 57, 308-314.

潘震（2008）．"论"空间-时间"隐喻的多重性"《甘肃联合大学学报（社会科学版）》24（2）：80-84.

Radden, G. (2011). Spatial time in the West and the East. In M. Brdar, M. Omazic, V. P. Takac, T. Erdeljic Gradecak & G. Bulja (Eds.), *Space and Time in Language* (pp. 1-40). Frankfurt：Peter Lang.

Roitman, J., Brannon, E., Andrews, J., & Platt, M. (2007). Non-verbal representation of time and number in adults. *Acta psychologica*, 124 (3), 296-318.

左咏梅（2007）．「「上」と「下」のメタファーについて―中日対照研究―」『大学院論文集（杏林大学大学院国際協力研究科）』4：47-63.

Santiago, J., Lupianez, J., Perez, E., & Funes, M. (2007). Time (also) flies from left to right. *Psychonomic Bulletin & Review*, 14 (3), 512-516.

佐藤徳（2014）．「未来は君の右手にある―身体化された時間概念―」『心理学研究』85（4）：345-353.

Searle, J. R. (1979). Metaphor. *Expression and Meaning*, Chapter 4 (pp. 76-116). Cambridge: Cambridge University Press.

瀬田幸人（2009）．「メタファーについて」《岡山大学大学院教育学研究集録》142：49-59.

瀬戸賢一（1995）．『空間のレトリック』東京：海鳴社.

瀬戸賢一（2005）．『よくわかる比喩：ことばの根っこをもっと知ろう』東京：研究社.

瀬戸賢一（2017）．『時間の言語学』東京：ちくま新書.

史厚敏，何芸，陆彦（2007）．"英汉"上下"空间隐喻的认知对比研究"《湛江师范学院学报》25（2）：114-118.

Shinohara, Kazuko. (1997). Epistemology of Space and Time: Analysis of Conceptual Metaphors in English and Japanese, Doctoral dissertation, International Christian University, Tokyo.

篠原和子（2002）．「空間的前後と時間概念の対応」『日本認知言語学会論文集』2：150-158.

篠原和子（2002）．「空間的前後と時間概念の対応（ワークショップ　空間と時間の認知と言語化）」『日本認知言語学会論文集』2：243-244.

篠原和子（2006）．「空間認知実験と時間メタファー」山梨正明（編）『認知言語学論考 NO.6』東京：ひつじ書房，pp. 1-47.

篠原和子（2007）．「時間のメタファーにおける図と地の問題」『メタファー研究の最前線』楠見孝（編），東京：ひつじ書房，pp. 201-216.

篠原和子（2008）．「時間メタファーにおける「さき」の用法と直示的時間解釈」篠原和子・片岡邦幸（編）『ことば・空間・身体』

東京：ひつじ書房，pp. 179-211.

篠原和子・小島隆次・松中儀大（2004）.「日本語の空間語彙「前・後ろ・先・手前」とその参照枠に関する実験研究」『日本認知科学会第 21 回大会発表論文集』320-321.

舒亭（2006）."汉字书写顺序"《社会工作（实务版）》（6）：57.

宋红梅（2009）."对称式方位复合词"前后/上下/左右"的认知研究"《长春大学学报》19（11）：39-42.

Sweetser, E. (1990). *From Etymology to Pragmatics: Metaphorical and Cultural Aspects of Semantic Structure*. Cambridge：Cambridge University Press.

Sweetser, E., & Gaby, A. (2017). Linguistic Patterns of Space and Time Vocabulary. In B. Dancygier (Ed.), *The Cambridge Handbook of Cognitive Linguistics* (pp. 625-634). Cambridge：Cambridge University Press.

田中元（1974）.『古代日本人の時間意識—その構造と展開—』東京：吉川弘文館.

唐美华（2015）."汉语"前/后"时间隐喻模式的认知研究"《安徽理工大学学报》17（1）：52-57.

谷口一美（2003）.『認知意味論の新展開—メタファーとメトニミー』東京：研究社.

谷口一美（2005）.『事態概念の記号化に関する認知言語学的研究』東京：ひつじ書房.

鄭新爽（2015）.「時間の概念化に関する中日対照研究—「先」の用法を例に—」『日本認知言語学会論文集』15：434-446.

鄭新爽（2017）.「中国語話者の時間認識に見られるメタファーについて」『日本認知言語学会論文集』17：234-243.

鄭新爽（2017）.「中国語の時間認識について―「左」「右」を伴った新たな時間表現を中心に―」『日本言語学会予稿集』155：205-210.

鄭新爽（2019）.「中国語の時間表現に見られる順序認識―"上下"の時間表現を中心に―」『認知言語学研究』4：109-131.

寺崎知之（2010）.「空間語彙と時間語彙への意味分化の考察：日本語の「サキ」の分析」『言語科学論集』16：1-23.

寺崎知之（2016）.「日本語の時間表現に関する認知意味論的研究」京都大学，博士論文.

Traugott, E. C.（1975）. Spatial expressions of tense and temporal sequencing: A contribution to the study of semantic fields. *Semiotica*, 15（3），207-230.

辻 幸夫（編）（2013）『新編 認知言語学キーワード辞典』東京：研究社.

趙無忌（2016）.「認知言語学から見た中日空間辞の意味と機能拡張に関する比較研究」宇都宮大学，博士論文.

ウィットロウ，G. J.（1972）. *What is time?* London: Thames and Hudson Ltd.（柳瀬睦男 他（訳）1993『時間 その性質』東京：法政大学出版局.）

碓井智子（2001）.「空間認知表現と時間認知表現―日本語マエとサキの認知言語学的考察―」京都大学，人間・環境学研究科，修士論文.

碓井智子（2002）.「時間認知モデル―認知言語学的観点からの考察―」『言語科学論集』8：1-26.

碓井智子（2002）.「空間認知表現と時間認知表現：日本語の「サキ」の認知言語学的考察」『日本認知言語学会論文集』2：150-158.

碓井智子（2004）.「空間から時間へ：写像の動機付けと制約」『言語科学論集』10：1-17.

碓井智子（2008）．「時間認知モデル―7つの普遍的特性と6つの時間認知モデル―」『認知言語学論考 NO.8』山梨正明（編），東京：ひつじ書房，pp.1-80.

渡辺実（1995）．「所と時の指定に関わる語の幾つか―意味論的に―」『国語学』181：18-29.

王希杰（2004）．"就左和右说语言和文化关系的复杂性"《新疆大学学报（社会科学版）》32（2）：25-130.

Walsh, V.（2003）. A theory of magnitude: Common cortical metrics of time, space and quantity. *Trends in Cognitive Sciences*, 7, 483-488.

Winter, B., Marghetis, T., & Matlock, T.（2015）. Of magnitudes and metaphors: Explaining cognitive interactions between space, time, and number. *Cortex*, 64: 209-224.

Xuan, B., Zhang, D., He, S., & Chen, X.（2007）. Larger stimuli are judged to last longer. *Journal of Vision*, 7（10）：2, 1-5.

徐莲（2008）．"汉日上下时空隐喻比较研究"《日语学习与研究》4：26-29.

肖燕（2012）．"时间的概念化及其语言表征"西南大学，博士论文．

山梨正明（1988）．『比喩と理解』東京：東京大学出版会．

山梨正明（1995）．『認知文法論』東京：ひつじ書房．

山梨正明（2000）．『認知言語学原理』東京：くろしお出版．

山梨正明（2004）．『ことばの認知空間』東京：開拓社．

易欣（2014）．""上下"意象图示及其隐喻投射分析"《鸡西大学学报》14（12）：124-126.

Yu, N.（1998）. *The Contemporary Theory of Metaphor: A Perspective from Chinese*. Amsterdam: John Benjamins.

Yu, N.（2012）. The metaphorical orientation of time in Chinese. *Journal of*

Pragmatics, 44, 1335-1354.

张燕（2010）."论"上-下"空间-时间隐喻"《连云港师范高等专科学校学报》1：70-72.

张豫峰（2004）．""X+前后/左右/上下"的分析"《语言教学与研究》3：30-36.

张玉苹（2009）．""上下"，"左右"，"前后"的空间隐喻研究"西南大学硕士学位论文．

鐘勇・井上奈良彦（2013）．「日本語における上下メタファーの体系構成及びその特徴に関する一考察」『言語文化論究』30：13-26.

周锦国（2007）．"也谈"左""右"和"左右"—兼与王希杰先生商榷"《新疆大学学报（哲学・人文社会科学版）》35（2）：144-147.

邹鑫（2017）．"方位词"上下"的隐喻映射与文化认知—以空间隐喻为例"《佳木斯职业学院学报》177（8）：330-331.